Wege des Lebens

BoD
BOOKS on DEMAND

Rita Homfeldt

Wege des Lebens

Betrachtungen in der Lebensmitte

Verlag 7books

Impressum:

Umschlag und Motiv: Markus Schretter

Fotos: Rita Homfeldt, Markus Schretter

Herstellung und Verlag: BoD - Books on Demand, Norderstedt

Printed in Germany

ISBN: 978-3-9503926-0-9

3. Auflage Februar 2015

Einige der Personen im Text sind aus Gründen des Persönlichkeitsschutzes anonymisiert.

www.7books.eu

www.homfeldt.org

Dieses Buch ist auch als E-Book erhältlich.

Für jeden Menschen existiert ein besonderer Weg.

Leo N. Tolstoi

Inhalt

Vorwort

Ein erfülltes Leben wünschen sich alle Menschen. Die Frage ist nur, wie schaffen sie das. Jeder hat andere Voraussetzungen und ein anderes Schicksal. Und so ist dieses Buch keine Anleitung, wie etwas zu sein hat, vielmehr will es Wege aufzeigen, die Menschen gegangen sind, trotz und mit den Widrigkeiten des Lebens. Es geht darum, das Leben in die eigenen Hände zu nehmen, zu akzeptieren, dass es sich stetig wandelt.

Lebenswenden begleiten unser Leben von Anfang an. Im Rhythmus von Abschied und Neubeginn geht es in die nächste Lebensphase. Doch das Loslassen vom Alten und ein Sich-Hinwenden zu Neuem ist jedes Mal wieder eine Herausforderung. Denn das Vertraute gilt nicht mehr und das Neue ist noch nicht in Sicht. Das gilt für alle Lebenswenden.

Gerade in der Lebensmitte zeigt sich der Wandel besonders stark. Da gibt es eine Kündigung oder man hat eine Position nicht erreicht. Frust im Arbeitsleben macht sich breit. Aber auch Veränderungen im privaten Leben etwa durch Trennung vom Partner oder durch Krankheit, können Krisen verursachen. Alles will bewältigt werden. Doch ein Rezept gibt es nicht. Jeder muss seinen eigenen Lebensweg finden. Gerade da gilt es, alte Strategien loszulassen und Neues willkommen zu heißen. Hilfreich ist dabei, an sich zu glauben und positive Gedanken zu haben, z.B. das halbvolle Glas zu sehen, sich eine zweite Chance zu geben und Schritt für Schritt nach vorne zu gehen. Für diese Entwicklung braucht es immer wieder Zeit für sich, ob man sich dabei einer besonders liebgewonnenen Tätigkeit widmet, Ruhe und Entspannung in der Meditation sucht oder auf einer Wanderung die Natur genießt. Es gibt viele Möglichkeiten zu sich zu kommen und neue Wege zu beschreiten.

Ich habe mit vielen Menschen über ihre Wendepunkte gesprochen und darüber, was sie getragen und gestärkt hat, welche Einsichten und Perspektiven sie gewonnen haben.

In meinem journalistischen Leben konnte ich immer wieder von den Erfahrungen meiner Interviewpartner lernen. Das erfüllt mich mit großer Dankbarkeit und gab mir die Idee zu diesem Buch.

Viel Freude beim Lesen wünscht

Rita Homfeldt

Für den Leser

In diesem Buch geht es um die persönliche Entwicklung und nicht zuletzt um Wachstum. Ein klassisches Arbeitsbuch ist es deswegen aber nicht. Vielmehr steht jedes Kapitel für eine Entwicklungsstufe und die bauen aufeinander auf. Deswegen würde es sich anbieten, die Kapitel auch nacheinander zu lesen. Da aber jedes Kapitel in sich abgeschlossen ist und für sich stehen kann, können Sie ohne weiteres einfach ein Kapitel auswählen, das Sie momentan besonders interessiert. Lassen Sie jedes Kapitel auf sich wirken. Für mich ist es kein Buch, das man in einer Nacht durchliest. Weil es ein Buch der Reflexionen ist, kann es sein, dass es auch nachhaltig seine Wirkung entfaltet und das Leben in einem anderen Licht erscheinen lässt.

Viel Glück!

Leben ist Wandel

„Dieser Augenblick, nicht der vergangene oder der kommende, der jetzige Augenblick ist die einzige Tür ins wahre Leben.“

Hans Kruppa

Leben ist ein ständiger Weg ins Unbekannte. Und genau das macht Angst. Viele Menschen halten deshalb gern an Gewohntem fest. Vertrautes vermittelt das Gefühl von Sicherheit. Doch sicher ist nur eins: die Veränderung. Das Leben ist in Bewegung und wandelt sich. Altes geht und Neues kommt. Das Neue aber ist längst nicht immer willkommen. Das gilt besonders für Lebensphasen, die in unserer Gesellschaft schlicht als unattraktiv gelten: Wer wird schon gerne alt? Antiaging boomt und verspricht ewige Jugend. Auch die Wirtschaft setzt vor allem auf flexible, dynamische, junge Leute. Bereits mit Vierzig sinken die Chancen in der Arbeitswelt dramatisch. Die Gesellschaft macht es den Menschen schwer, dem Alter gelassen zu begegnen. Seelsorger Martin Schubert spricht vom Machbarkeitswahn, der einem suggeriert, dass scheinbar alles möglich ist. Hinzu kommt dann noch das Gefühl etwas zu versäumen. Und so halten viele an der Jugend fest. Jung sein ist heute einfach in, fit sein ein Muss. Die Werbung macht es vor. Deswegen versuchen so viele auch beim Antiaging dabei zu sein. Man versucht mit Gewalt daran festzuhalten, was und wie die Gesellschaft heute sein soll. Das Problem ist, zu sich selbst stehen zu können. Martin Schubert hat den Eindruck, dass das viele Menschen nicht können. Sie sind nicht zufrieden, mit dem, was sie sind und wie sie aussehen. Und wer damit Probleme hat, hat auch Schwierigkeiten mit dem Älterwerden.

Jeder Lebensabschnitt fordert uns heraus und bietet die Chance zu wachsen. Das Problem ist nur, die Situation tatsächlich anzunehmen. Wie schwierig es beispielsweise ist, erwachsene Kinder gehen zu lassen, hat Gabriele erfahren. Sie liebt ihre Kinder und wollte es ihnen leicht machen, in die Welt hinaus zu gehen. Soweit die Theorie, die Praxis sah dann ganz anders aus. Als die Kinder nach dem Abitur ganz selbstverständlich aus dem Haus gegangen waren, blieb Gabriele allein zurück. Jetzt merkte sie erst, wie schwer es fiel, die Wohnung plötzlich so leer vorzufinden. Das machte sie traurig. Die Kinderzimmer waren so ohne Leben. Und wenn sie dann das Zimmer der Tochter betrat, das noch von ihrem Geruch erfüllt war, brach Gabriele jedes Mal in Tränen aus. Es hat Zeit gebraucht, das zu verkraften.

Dass sie der Auszug der Kinder doch emotional so mitnimmt, hat die 53-Jährige völlig überrascht. Als Klammermama hat sie sich nie gesehen. Ihr ist es immer wichtig gewesen, dass die Kinder selbstständig werden. Trotzdem: Auch dieser Abschied will betrauert werden. Gabriele kann zu ihren Gefühlen stehen und lässt sie zu. Dann ist sie einfach traurig und Tränen kommen. Das dauert zehn Minuten, sagt sie. Sie weiß, dass sie nicht in den Tränen versinkt, auch wenn es schlimm ist. Das Weinen hat jedes Mal etwas gelöst. Danach ging es wieder besser. Sie kochte sich dann erst einmal einen Kaffee und setzte ihren Tag fort.

> *„Begrabe den Schmerz, der noch der deine ist,*
> *nicht unter dem Felsgestein, denn unbeweint*
> *kann er dich nicht zu verborgener Quelle*
> *führen, die dir Leben verheißt."*
>
> *Antje Sabine Naegeli*

Trauer hilft, Vergangenes loszulassen und Verluste zu verarbeiten. Heftige Gefühle wie Schuld, Angst und Wut begleiten den Prozess. Fassungslos stehen Menschen vor Schicksalsschlägen wie lebensbedrohlichen Krankheiten oder plötzlichem Tod. Betrifft es Kinder, stürzen Eltern in eine Lebenskrise. Als bei der dreijährigen Anna eine genetische Stoffwechselerkrankung festgestellt wurde, zerbrach bei den Eltern ein ganzer Lebensplan. Plötzlich stand fest, dass Anna eine tödlich verlaufende Erkrankung hat, gegen die es kein Medikament gibt. Karin, Annas Mama erinnert sich an den großen Schmerz. Damals hat sie mit sehr vielen Menschen darüber geredet. Sie hatte den Drang, einfach viel darüber zu reden, auch wenn sie damit so manchen überfordert hat. Doch wollte sie den Schmerz mit anderen Menschen teilen. Beide, ihr Mann und sie sind durch das erste Jammertal gegangen, sagt sie. Danach konnten sie auch die Frage: Warum ausgerechnet wir? loslassen und einfach sagen, ok es ist ein Fakt und wir müssen jetzt einen neuen Weg gehen und das muss trotzdem schön und gehaltvoll sein. Der Schmerz hatte sich verändert.

Karin wollte nicht in der Trauer versinken und hat sich von Anfang an psychologische Hilfe gesucht. Auch sieben Jahre nach Annas Diagnose lässt sie sich noch professionell begleiten. Viele Themen wurden dabei schon aufgegriffen. Am Anfang stand Annas Erkrankung im Vordergrund und die Auswirkungen auf das Familienleben. Dann beschäftigte sie vor allem das, was vor der Krankheit Bestand hatte, zum Beispiel der Beruf, den sie völlig aufgegeben hat, um für ihre Tochter da zu sein. Plötzlich wurde sie mit ihrer eigenen Kindheit konfrontiert und dann wiederum mit ihrer Ehe, die auch in Mitleidenschaft gezogen wurde.

Bestimmte Themen kommen immer wieder und müssen auf einer neuen Ebene betrachtet werden. Dazwischen aber liegen ein Weg und eine Entwicklung. Die Tatsache, dass ihre Tochter vor ihr sterben wird, lässt sie mit dem Thema „Zeit" ganz anders umgehen. Sie ist relativ geworden. Für sie ist das der Schlüssel, um sich von Dingen zu verabschieden, wie sie zu sein haben oder die als „normal" angesehen werden. Mit dieser Haltung entdeckt sie eine ganz neue Lebensqualität. Ihr wird klar, dass sie von manchen Dingen Abstand nehmen muss, zum Beispiel von der Vorstellung, dass einen die Kinder immer überleben und das in einer Gesellschaft, wo man vielleicht 80 wird oder älter.

Es gibt keinen Vertrag, der garantiert, dass die Eltern vor den Kindern sterben. Keiner hat das in der Hand. Gleichzeitig erkennt Karin, wie wertvoll die Zeit ist, die sie mit Anna verbringt. Sie hat das Gefühl, dass sie in den Jahren, seit dem sie von der Erkrankung weiß, intensiver lebt, als andere Eltern mit ihren Kindern.

Der ständige Nervenabbau hat bei der mittlerweile 10-jährigen Anna dazu geführt, dass sie nicht mehr sprechen und sehen kann. Essen, gehen, stehen und sitzen, all das ist nicht mehr möglich. Sie muss rund um die Uhr gepflegt werden und braucht Medikamente. Trotz der belastenden Situation gelingt es Karin immer wieder, Momente zu schaffen, die beide genießen. Es ist eine wertvolle Zeit, die jeden Augenblick vorbei sein kann. Wie endlich das Leben ist, hat Anna ihren Eltern vor ein paar Monaten schon einmal gezeigt. Es sah so aus, als ob sie sich entschieden hätte, diese Welt zu verlassen. Da spürte Karin einen großen Schmerz. Doch da war auch sehr viel Frieden, weil Anna sehr sanft am Gehen war, erzählt sie. Das war schön zu sehen. Da dachte sie, wenn Anna mal so geht, wenn sie mal so sterben wird, dann kann ich sie gehen lassen. Das hat sie ihrer Tochter auch gesagt, als sie in ihren Armen lag. Anna, sagte sie, du darfst gehen, wenn du meinst, du möchtest jetzt gehen.

Anna bestimmt den Zeitpunkt. Sie entscheidet, wann sie von dieser Welt gehen möchte. Da ist es tröstlich zu wissen, dass Sterben nichts mit Schmerzen zu tun hat. Einschlafen soll ein angenehmes Gefühl sein, so als ob man ins Licht läuft.

Wenn Anna sich entscheidet zu sterben, darf sich Karin nicht dazwischen stellen. Es ist der Weg ihrer Tochter. Anna gehen zu lassen, das ist die Aufgabe. Den Respekt vor dem eigenen Tod sollte jeder Mensch einem Sterbenden entgegen bringen, empfindet Karin.

Anna hat sich ins Leben zurückgekämpft. Sie hat allen gezeigt, dass es noch nicht so weit ist. Für die Eltern war es ein Denkanstoß, sich wieder mehr damit zu befassen, was ist, wenn die Tochter geht. Der Zorn, die Wut und Angst über Annas Schicksal sind bei Karin vorbei. Sie hat die Situation angenommen und sich mit der Erkrankung ausgesöhnt. Sie weiß, wenn sie Anna nicht loslässt, kann sich ihre Tochter nicht entwickeln, kann sich nicht weiter bewegen, kann nichts Neues erleben, kann nicht zu einer eigenen Persönlichkeit reifen.

Loslassen muss man vieles im Leben, auch Gegenstände aus der Kindheit. Deutlich wird das, wenn man beispielsweise Zuhause aufräumt und bereit ist, sich von Dingen zu trennen. Letztlich ist es befreiend. Loslassen bereitet den Weg für eine Entwicklung, damit das Leben weiter geht.

Wie wird es aussehen, das Leben ohne Anna? Vieles kann Karin vorher planen. Sie kann beispielsweise eine Grabstätte besorgen und festlegen, wer die Grabrede halten soll. Ihren Lebensweg aber kann sie nicht planen, den kann sie nur gehen. Das hat sie von ihrer Tochter gelernt. Karin hat Vertrauen ins Leben und darin, dass alles seinen Sinn hat. Diese Haltung gibt ihr Zuversicht und Mut, ihren Weg weiterzugehen. Trotzdem befürchtet sie, dass noch viel Trauer vor ihr liegt und spricht dabei von einem schlimmen Jammertal, das sie sich heute noch nicht vorstellen kann. Sie befürchtet, in ein tiefes Loch zu fallen, wenn Anna aus dem Leben geht. Ihr Mann hat wenigstens seine Arbeit, die ihn auch ablenkt. Sie aber wird im Haus sitzen. Sie wird Annas leeres Zimmer sehen, ihr leeres Bett. Sie wird anfangen müssen, aufzuräumen und auszuräumen und sie wird kein anderes Leben haben und es wird einfach nichts da sein. Sie wird keine Beschäftigung haben. Sie malt sich das furchtbar aus. Aber sie weiß auch, dass sie aus dieser Krisensituation hoch erhobenen Hauptes herauskommen will.

Deshalb macht sie jetzt schon viel: eine Therapie, schafft ein soziales Netz und versucht das Leben positiv zu sehen.

> *„Wenn es einen Sinn in unserem Leben gibt, dann kann er doch nur darin bestehen, uns aus dem Dunkel ins Licht zu bewegen, aus der Schwere in die Leichtigkeit, aus der Sehnsucht in die Erfüllung."*
>
> *Hans Kruppa*

Der Schock bei Winfried sitzt noch immer tief, auch nach sieben Jahren. Der Tod seiner 15 jährigen Tochter Christina lässt ihn nicht zur Ruhe kommen. Sie hatte Jugenddiabetes, eine Autoimmunerkrankung, die aber gut zu behandeln ist. Völlig unerwartet fiel sie über Nacht aufgrund von Unterzucker in ein Koma und starb. Das Leben zwingt Winfried, mit dem Geschehenen umzugehen. Er ist nicht darauf vorbereitet. Die ganze Familienstruktur ändert sich. Das Zimmer von Christina bekommt plötzlich eine andere Bedeutung. Ihre Stimme fehlt. Überhaupt fehlt sie überall, auch auf Familienfeiern. Die laufen jetzt ganz anders ab. Auch der Freundeskreis verändert sich. Von jetzt auf gleich wird die Lebensplanung über den Haufen geworfen.

Für den zweifachen Familienvater ist der Schmerz nicht auszuhalten. Schnell entdeckt er die Arbeit als rettenden Anker. Er sieht darin seine Überlebensstrategie und das nicht nur, weil die Arbeit seinen Tagesablauf strukturiert. Seine Arbeit als Religionslehrer wird plötzlich zum Lebensmittelpunkt. Dass ihm viele Aufgaben gestellt werden, scheint ihm ideal. Er ist Workaholic und kommt nicht zur Ruhe. Das will er auch nicht. Damit verdrängt er erfolgreich den Schmerz, den der Tod seiner Tochter hinterlassen hat. Er spürt nichts mehr, keinen Schmerz und keine Freude. Das hat einen hohen Preis, denn so ein Verhalten kann direkt in die Depression oder in das sogenannte Burn-out führen, wie bei Winfried. Über Monate hat er sich körperlich und seelisch völlig verausgabt. Er konnte nicht mehr durchschlafen, er hatte Tinnitus. Auch spürte er eine ständige Unruhe. Jetzt zeigt ihm sein Körper ganz klare Grenzen auf und zwingt ihn zum Umdenken. Er gibt Aufgaben ab, nimmt eine Auszeit und regeneriert sich gesundheitlich.

Mit der Auszeit, die ihm sozusagen verordnet wurde, kommt die ganze Trauer hoch. Er ist verzweifelt und wütend. Der Sport hilft ihm, diese Gefühle auszuhalten. Außerdem hat er inzwischen eine Hündin, die ihn auf seinen Spaziergängen begleitet. Doch es bleiben viele Fragen über das Leben und den Tod von Christina. In Büchern sucht er nach Antworten, die schwer zu finden sind.

Trauern ist ein einsamer Prozess. Winfried fühlt sich isoliert und von vielen Menschen nicht verstanden. Sie raten ihm, Christina mehr loszulassen, um die Trauer besser zu bewältigen. Er hat das Gefühl, dass man ihn mit seiner Beziehung zu Christina nicht versteht. Er klagt an: Wer hat eigentlich das Recht, ein Loslassen zu fordern. Wer kann überhaupt in die Qualität der Beziehung hineinschauen? Wissen Außenstehende eigentlich, was das Fehlen des Kindes in einem auslöst? In seiner Traurigkeit fühlt er sich allein. Nur Christina ist präsent. Das ist sein Überlebenselixier. Es tröstest ihn, dass er immer noch Traurigkeit empfindet bei dem Gedanken an Christina.

Trauer zu durchleben ist wichtig, um den großen Verlust, wie den Tod eines Kindes, zu verarbeiten. Dabei geht es nicht um Vergessen, denn die Erinnerung ist ein wertvoller Teil der Vergangenheit. Hält man aber an der Trauer fest, weil man nur dann das Gefühl hat, dem Verstorbenen nah zu sein, besteht die Gefahr im Trauerprozess stecken zu bleiben.

> *„Das Alte verlassen, Worte finden gegen die Angst, Schritt um Schritt wächst der Weg unter deinen Füßen"*
>
> *Antje Sabine Naegeli*

Veränderung kommt nicht, wenn es einem gut geht, sondern entsteht immer aus einem Leidensdruck, so die Erfahrung von Gabriele, die allein mit ihren Kindern nach der Trennung zurückblieb. Der Motor für das Loslassen von etwas, das überholt ist, kommt aus dem Leid, schlicht und ergreifend. Erst wenn ich loslasse, kann ich handeln, meint sie. Dann kommt es darauf an, mit welcher Haltung man etwas macht und wie offen man ist für Neues. Sie wundert sich manchmal, wie viel manche an Leid, an Ärger und Unstimmigkeiten in Kauf nehmen, um nichts verändern zu müssen. Sie verweigern sich dem Prozess der Veränderung und bleiben im Vergangenen haften.

Durch die Trennung von ihrem Mann erlebte Gabriele eine Zäsur in ihrem Leben. Sie blieb mit ihren zwei Kindern allein zurück. Das machte ihr Angst. Doch in der Situation hat sie sich ganz anders erlebt. Sie entdeckt sich neu und schlägt einen Weg ein, der sie selbst überrascht. Sie sieht sich nicht mehr ein Leben lang in ihrem Beruf als Gymnasiallehrerin und entscheidet sich, nebenher noch eine weitere Ausbildung zu machen als Beraterin im beruflichen Umfeld. Das eigene Schicksal aktiv zu gestalten, gibt ihr ein gutes Gefühl. Sie nimmt ihr Leben in die Hand. Dabei ist es nicht so wichtig, welche Aufgabe sie sich stellt. Es geht darum, sich selbst als aktive, handelnde Person zu erleben.

Damit fühlt sich Gabriele nicht mehr als Opfer ihres Schicksals, sondern als Gestalterin ihres Lebens.

Die heute 53-Jährige hat erfahren, dass im Loslassen eine große Chance steckt, sich weiterzuentwickeln. Sie weiß aber, dass die Zeit bis dahin oft schwierig ist. Sie deklariert diese Zeit als Nebelzeit, wo das Alte nicht mehr trägt und das Neue nicht in Sicht ist. Es gleicht einem Stochern im Unbekannten. Es sei eine Zeit, die es auszuhalten gilt, meint Gabriele. Erst im Rückblick gelingt es, den Sinn dieser Umbruchsphasen zu erkennen. Das stärkt das Vertrauen ins Leben. Nach der Trennung von ihrem Mann hat Gabriele eine ganz neue Freiheit für sich entdeckt. Zu entscheiden, was sie möchte, empfindet sie als großen Gewinn. Heute achtet sie darauf, dieses Freiheitsgefühl nicht mehr zu verlieren, auch nicht in ihrer neuen Partnerschaft. Doch das Leben fordert sie immer wieder heraus. Als ihre Kinder vor ein paar Jahren ausgezogen sind, hat es sie mehr getroffen, als sie dachte. Bis sie tatsächlich die neue Situation annehmen konnte, verging über ein Jahr. Heute macht es ihr Freude zu sehen, wie die Kinder ihren Weg gehen. Sie sind erwachsen geworden. Dadurch macht auch Gabriele einen entscheidenden Schritt nach vorne. Sie findet wieder mehr zu sich selbst. Heute genießt sie ihr neugewonnenes Leben. Sie bestimmt jetzt den Rhythmus ihres Lebens. Natürlich ist sie auch in Terminen eingebunden, aber sie braucht da keine Rücksicht mehr auf ihre Kinder zu nehmen: Mittagessen organisieren, Abstimmung mit der Schule, Ferienzeit. Das gehört alles der Vergangenheit an.

„Jeder neue Tag ist eine neue Chance, sich selbst zu begegnen, bei sich zu bleiben und mit sich zu gehen."

Hans Kruppa

Pfarrer Martin Schubert hat keine Angst loszulassen, weil er auf schöne Zeiten zurückblicken kann. Er sieht, was ihm gelungen ist im Leben, was ihm Freude gemacht hat, aber auch, was heute nicht mehr geht. Darum ist er offen für Neues. Dabei muss nicht alles gelingen. Gelassen steht er seinem Alter gegenüber. Wenn er auf seine aktive Zeit im Kampfsport zurückblickt, erfüllt ihn das mit Freude. Es war einfach schön. Doch das ist vorbei. Sein Körper würde das heute mit Anfang fünfzig nicht mehr mitmachen. Heute steigt er lieber auf ein Fahrrad. Vieles hat sich in seinem Leben verändert, auch seine Tätigkeit. Er hat viele Jahre in der Jugendarbeit, Jugendseelsorge und zeitweise auch in der Schülerseelsorge gearbeitet. Später hat er sich in der Pfarrei um die Jugend gekümmert, zusammen mit einem pastoralen Mitarbeiter. Doch irgendwann hat er gemerkt, dass er für die Jugend zu alt ist. Er hatte nicht mehr so viele Ideen und brachte manches den jungen Leuten nicht mehr so verständlich rüber. Darum hat er sich dann beruflich ein neues Feld gesucht. Er hat in der Kirche viele Möglichkeiten gesehen, tätig zu werden. Eine neue Aufgabe hat Martin Schubert in der Gestaltung von Trauergottesdiensten gefunden. Zusätzlich arbeitet er als

Klinikseelsorger im Klinikum Rechts der Isar. Hier betreut er viele Patienten und hilft ihnen, sich mit ihrer Erkrankung neu zu orientieren.

> *„Jeder neue Tag ist eine neue Chance, sich zu finden, in sich fündig zu werden, aus sich heraus zu gehen.“*
>
> *Hans Kruppa*

Winfried, dessen Tochter vor sieben Jahren gestorben ist, hat Menschen gefunden, die auch um ihre Kinder trauern. Hier fühlt er sich verstanden und seiner Tochter Christina ganz nah. Außerdem engagiert er sich in der Krisenseelsorge an Schulen. Langsam fühlt er wieder die Kraft, für seinen heute 20-jährigen Sohn da zu sein. Durch den Tod von Christina rückte der Bruder ziemlich in den Hintergrund. Heute erlebt Winfried neben der Trauer auch wieder Momente der Freude. Dabei hat er kein schlechtes Gewissen mehr. Für Winfried ist das eine ganz neue Erfahrung.

Die Zukunft von Katrin, Annas Mama ist völlig offen. Wenn ihre schwerkranke Tochter aus diesem Leben geht, steht die Mutter vor einer ganz neuen Lebenssituation. Ob sie in den alten Beruf als Logopädin zurückgehen oder etwas ganz Neues machen wird, etwa in der Hospizbegleitung, kann sie heute noch nicht sagen. Das aber wird sich finden, da ist sie ganz zuversichtlich. Doch was es für sie bedeutet, Anna tatsächlich gehen zu lassen, kann sie nur erahnen. Es bedeutet Loslassen, damit ihre Seele Frieden findet. Denn Karin sucht den Frieden mit der jetzigen Situation und den Frieden in der Zukunft. Wenn Menschen sie fragen, ob sie Kinder hat, möchte sie darauf antworten können.

7 Jahre später.

Anna lebt. Sie ist eine junge Frau geworden und mit 17 fast erwachsen. Nächstes Jahr möchte sie von zu Hause ausziehen, weg von den Eltern, ein eigenes Leben aufbauen, sagt ihre Mutter. Leicht wird das nicht. Zum einen fehlen Einrichtungen, die mehrfachbehinderte junge Menschen aufnehmen und zum anderen bedeuten es Trennung und Neuanfang, weil Anna ihr Elternhaus verlässt. Vor allem für die Eltern ist das ein schmerzhafter Prozess. Loslassen will gelernt sein. Doch Mutter wie Vater üben sich schon ihr ganzes Leben im Loslassen, denn sie wussten noch nie, wie lange Anna mit der Diagnose einer genetischen Stoffwechselerkrankung überleben wird, denn die Krankheit verläuft tödlich. Medikamente dagegen gibt es nicht. Schon einmal war sie dem Tod ganz nahe und hat sich dann aber für das Leben entschieden, so ihre Mutter.

Heute engagieren sich beide Eltern in der Kinderhospizarbeit. Annas Vater ist Vorstandsmitglied im Verein Kinderhospiz-St. Nikolaus im Allgäu. Annas Mutter arbeitet in der Stiftung Ambulantes Kinderhospiz in München mit, das gerade 10 Jahre alt wird und unter dem Motto steht „Nicht das Leben mit Tagen, sondern die Tage mit Leben füllen!

Das Leben ist geprägt von Höhen und Tiefen, darum ist es nicht sinnvoll, sich an Überholtem und Vergangenem festzuhalten, auch wenn es scheinbar das Gefühl von Sicherheit vermittelt. Oft ist es schmerzvoll, Tiefen zu durchschreiten und meist ist dieser Prozess von Krisen begleitet. Doch wenn man offen ist für Neues, liegt darin eine Chance, sich zu entwickeln und persönlich zu wachsen. Trauer hilft dabei, Vergangenes loszulassen und indem man sie durchlebt, können auch die Verluste verarbeitet werden. Dann kann Altes verlassen werden und Neues entstehen. Dazwischen liegt eine Zeit der Unsicherheit, weil der Weg erst einmal auf unbekanntes Terrain führt. Es braucht Mut diese Zeit durchzustehen, auf das Leben zu vertrauen und sich Ziele zu setzen.

Zeit für sich

„Den Puls des eigenen Herzens fühlen.
Ruhe im Innern, Ruhe im Äußern.
Wieder Atemholen lernen,
das ist es.“

Christian Morgenstern

Getrieben durch Tempo und eine Flut von Informationen, das ist der Alltag von vielen Menschen in unserer westlichen Gesellschaft. Alleinsein, mit sich sein, ist ungewohnt. Man lenkt sich ab mit Gesprächen, Telefonaten oder anderen Tätigkeiten, nur, um diesen Zustand des Alleinseins nicht zu spüren. Denn dann könnte es sein, dass einem in der Stille des Alleinseins bewusst wird, was im Leben nicht stimmig ist. Handlungen oder Änderungen wären die Konsequenz. Um dem Alleinsein zu entkommen, flüchten sich viele auch in eine Beziehung. Die Frage, ob man sich selbst genügt, spielt dann für sie keine Rolle mehr, weiß Diplom-Psychologin Ursula Wagner. Viele glauben, dass allein die Anwesenheit eines Partners dazu führt, dass man sich nicht mehr damit beschäftigen muss. Der Partner wird da zu einer Ablenkung. Doch es ist ein Irrtum zu meinen, dass allein die Partnerschaft die Einsamkeit auslöschen kann. Das ist nicht der Fall. Dies wissen Menschen, die längere Zeit in einer unglücklichen Partnerschaft oder Ehe waren. Die Einsamkeit, die man in einer Beziehung, in einer Ehe spürt, ist häufig dann sogar schmerzhafter, als wenn man wirklich allein ist. Man merkt dann, dass man sich in der Gegenwart eines früher geliebten Menschen nicht mehr verbunden fühlt. Man hat das Gefühl, von etwas abgeschnitten zu sein.

Einsamkeit heißt, Menschen zu vermissen. Alleinsein heißt, sich selbst zu genügen, sagt Jesuit Antoni Demelo. Der Unterschied zwischen Einsamkeit und Alleinsein ist ein gefühlter. Man kann einsam unter vielen Menschen sein, weil man sich abgeschnitten fühlt. Es beschleicht einen das Gefühl, dass Kontakte fehlen oder dass man nicht zu einer Gruppe von Gleichgesinnten gehört. Gleichzeitig kann ich, wenn ich allein bin, mich sehr verbunden fühlen, erzählt Psychologin Ursula Wagner. Sie selbst hat das einmal erlebt. Da war sie ganz allein in der Wüste gesessen, in einem Outdoor-Training. Dort spürte sie eine große Verbundenheit mit der Natur und dem weiten Himmel über ihr. Dabei fühlte sie eine unglaubliche Verbindung zu Menschen, die gar nicht da waren. Das war eine Herzensverbindung, sagt sie. Alleinsein und Einsamkeit seien oft ein innerer Zustand.

Ursula Wagner hat sich in ihrem Buch „Die Kunst des Alleinseins" lange mit dem Thema Alleinsein auseinandergesetzt, quer über alle Forschungsrichtungen wie Philosophie, Religion und Psychologie. Dabei kommt sie zu dem Schluss: Sich Wohlfühlen im Alleinsein ist zwar im Menschen angelegt, aber das Bedürfnis, sich mit Menschen zu verbinden und mit Menschen zusammen zu sein, ist stärker. Ausnahmen gibt es da etwa im religiösen Sinne, wenn man an die Eremiten denkt. Sie suchen die Tiefe nach der Transzendenz, die man im Alleinsein erfahren kann. Doch im Menschen überwiegt das soziale Bedürfnis nach Austausch und Kontakt. Das muss nicht immer in einer romantischen Zweierbeziehung sein, in vielen Kulturen stehen die Familie oder freundschaftliche Bande viel mehr im Vordergrund. Da geht es um Austausch und Gemeinschaft, Eigenschaften, die zum Menschsein gehören.

Doch so sehr auch der soziale Drang, mit anderen zusammen zu sein und sich auszutauschen, dem Menschen angeboren ist, so wichtig ist als Gegenpol das Alleinsein, das Reflektieren über die sozialen Beziehungen. Der Mensch braucht beides. Auf die Balance kommt es an. Es ist nicht gut, dass der Mensch allein bleibt, heißt ein Zitat aus der Genesis, aus dem Alten Testament. Dort wird bestärkt, dass der Mensch soziale Beziehungen braucht. Trotzdem ist es so, dass er Gott allein suchen soll, so Ursula Wagner. Dies sagen wenigstens die philosophischen und die religiösen Traditionen. Der Mensch muss allein sein, um sein Gewissen und seine Seele zu erforschen. Tatsächlich können geplante Zeiten des Alleinseins für die Seele und die Persönlichkeit wie eine Befreiung von Ballast sein. Die Ruhe des Alleinseins in einem ausgewählten

Kloster hat die Psychologin als absolut reinigend und wohltuend erfahren.

Gerade in unserer heutigen informationsüberfluteten Gesellschaft ist es wichtig, dem Alleinsein Raum zu geben und die heilende Kraft darin wiederzuentdecken. Fehlt diese Zeit, kommt schnell Stress auf und das Leben ist aus dem Gleichgewicht. Wenn man die Balance zwischen dem Alleinsein und dem Kontakt mit anderen verliert, dann können Stresssymptome auftreten. Manchmal sind sie schwer zuzuordnen, können sich aber darin äußern, dass man immer gereizter wird, andere Menschen beschimpft, weniger freundlich und hilfsbereit ist. Dann fährt man zum Beispiel im Straßenverkehr leicht aus der Haut. Möglich ist es auch, dass man versucht den Stress zu kompensieren, durch mehr Fernsehen, mehr Internet, mehr Telefonate oder mehr Konsum wie Essen und Trinken. So ein Verhalten zeigt, dass die Lebensbalance aus dem Gleichgewicht geraten ist. Da können Zeiten des Alleinseins wohltuend sein, die mit Ruhe und Stille zu tun haben. Auch ausgewählte Tätigkeiten, in denen man dann ganz aufgeht und nicht ständig abgelenkt wird, können hier einen Kontrapunkt setzen. Zeiten des Alleinseins sind absolut notwendig für die seelische, psychische und physische Gesundheit.

Maria ist Rezeptionistin und kommt tagsüber mit vielen Menschen zusammen. Abends ist sie dann froh, dass sie einfach die Tür hinter sich zu machen kann und Zeit für sich hat. Diese Zeit ist ihr wertvoll. Dann kann sie meditieren, kann nachdenken über sich, über Geschehenes. Für sie ist es wie ein schöpferischer Zustand, in dem sie neue Ideen bekommt. Oft schaltet sie sogar das Telefon aus, weil sie nach der Arbeit nur noch Ruhe möchte. Die 53-Jährige genießt die ruhigen Momente, in denen sie neue Energie tankt, ihren Tag überdenkt und sich erholt.

Zeit für sich zu haben, schätzt auch Mariela. Deswegen geht sie auch nicht gleich ans Telefon, wenn es klingelt. Diese Unterbrechung findet sie lästig, sitzt sie doch beispielweise gerade am Computer. Verpassen will sie aber auch nichts. Darum ist der Anrufbeantworter ständig eingeschaltet. Fairerweise sagt sie das auch im Ansagetext. Dann entscheidet sie jedes Mal neu, ob sie in das Gespräch geht oder nicht.

Die 68-Jährige lebt allein. Ihre Freunde können oft nicht verstehen, warum sie manchmal ganz bewusst allein sein möchte. Das können ein paar Stunden sein oder ein paar Tage. Da muss sie jedes Mal die Freunde überzeugen, dass sie jetzt gerne alleine spazieren gehen oder alleine eine Wanderung in den Bergen machen möchte. Sie zieht sich dann in die Einsamkeit zurück. Sie findet, wenn sie allein ist, kann sie sich mit allen Sinnen wahrnehmen. Ein

Hochgenuss für sie. Früher hatte sie eine einsame Alm. Das Leben dort ist ihr jetzt im Alter zu anstrengend geworden. Heute mietet sie sich ab und zu ein kleines Häuschen in den Schweizer Bergen. Für sie ist es das Paradies. Dort lebt sie dann allein. Das Haus liegt ziemlich abgelegen. Viele fragen sie, ob sie keine Angst hätte so alleine. Doch sie genießt es, aus dem Fenster zu schauen, die Berge zu sehen, und dann hinauszugehen in die Natur. Es ist ruhig dort draußen und niemand erklärt ihr jetzt die Namen der Berggipfel, die zu sehen sind. Sie mag die Stille, auch am Abend. Da schaut sie dann einfach in den Sternenhimmel und lässt die Stimmung auf sich wirken.

Dabei kommt sie ganz zu sich und spürt so etwas wie Seelenfrieden. Das war nicht immer so. Mit dem Alleinsein umzugehen, musste sie erst lernen. Seit ihre Eltern gestorben sind, ist sie - was eine Familie angeht - wirklich allein: keine Geschwister, keine Verwandten, keine Kinder, kein Mann. Man könnte jetzt sehr tragisch sagen, oh Gott, sie steht ganz allein im Leben, ist ganz allein auf dieser Welt. Doch das Gefühl des Alleinseins hat sie nicht. Sie ist sich immer selbst ein guter Kamerad und kommt gut mit sich zurecht. Sie fühlt sich in der Welt geborgen, sozusagen in der Schöpfung, auch wenn sie nicht so gläubig ist.

Mariela fühlt sich wohl, auch allein. Darum sieht sie auch keinen Grund, sich in plötzliche Aktivitäten oder in eine Beziehung zu stürzen. Sie sieht in ihrem Bekanntenkreis viele Zweierbeziehungen, die nur deshalb funktionieren, weil sie aus vielen Zugeständnissen bestehen. Für sie sind es Kompromisse, die über das eigene Ehrgefühl, über das eigene Selbstverständnis hinausgehen. Sie räumt zwar ein, dass Zugeständnisse im Zwischenmenschlichen gemacht werden müssen, aber was die Leute in Kauf nehmen, nur damit sie nicht alleine sind, kann sie nicht verstehen. Ihre Erfahrung ist auch, dass eine Zweierbeziehung längst nicht immer glücklich macht. Da könne man sich trotzdem allein fühlen.

Alleinsein braucht Mut. Das erfährt Mariela immer wieder. Abends allein auszugehen oder allein in einem Restaurant zu speisen, das ist nicht einfach. Doch zum Alleinsein gehört noch mehr - etwa Selbstdisziplin. Denn allein zu leben birgt ein bisschen die Gefahr, nachlässig und mürrisch zu werden. Nach ihrer Erfahrung braucht es vor allem Menschenfreundlichkeit. Man sollte lernen, auf Menschen freudig zuzugehen. Damit hat man es immer selbst in der Hand, ob man den Kontakt will oder nicht. Man braucht deswegen vor fremden Menschen keine Ängste zu haben. Jeder allein lebende Mensch hat im Laufe seines Lebens gelernt, schon aus einer gewissen Notwendigkeit heraus, auf Menschen zuzugehen: Freundlich, heiter und offen. Zu hadern mit dem eigenen Schicksal, das entfernt Menschen eher von einem und verdunkelt auch das eigene Leben, meint Mariela.

Der Mensch ist ein soziales Wesen und doch gibt es seit Menschheitsbeginn auch die Geschichten der Einsiedler in vielen Religionen, weiß Philosoph Wilhelm Vossenkuhl. Es gibt das Klosterleben und den Verzicht auf die Ehegemeinschaft. Das sind nur zwei Beispiele für die Zurücknahme der sozialen Beziehungen zugunsten der Konzentration auf das eigene Innere. Wer das leisten kann, wer das schafft, für den ist das eine große Glückserfahrung, aber eine irrwitzige Anstrengung und Mühe. Denn: Auch die Menschen, die in klösterlicher Einsamkeit leben, brauchen Anerkennung, brauchen die Zuneigung von außen und die Zuwendung, die alle Menschen brauchen. Man kann sich diese als Nonne oder als Mönch nicht selbst geben. Natürlich ist der Ersatz für die Kommunikation mit anderen Menschen, die Kommunikation mit Gott, aber Gott ist nicht besonders gesprächig. Dann muss man wohl auf diese Art Zuwendung durch Sprache oder Hörbares und Sichtbares verzichten, wenn man diesen Weg gehen will.

Glücklich sein kann man dauerhaft wahrscheinlich nicht allein, meint Wilhelm Vossenkuhl. Der Austausch mit anderen Menschen ist für ihn wie das Salz in der Suppe. Wir müssen das Gefühl haben, dass uns jemand Interesse entgegen bringt, dass jemand an uns interessiert ist, uns schätzt. All das, was man bei Hegel und anderen großen Philosophen schon beschrieben findet, die Anerkennung durch andere, die ist für das Glücklichsein ganz wesentlich.

Die Anerkennung kann man sich nicht allein zuteilwerden lassen. Man kann sich zwar hin und wieder selbst auf die Schulter klopfen, aber man kann sich nicht selbst anerkennen. Doch nach der Begegnung mit anderen, nach wichtigen, traumatischen, glücklichen Begegnungen muss man sich selbst immer vergewissern, was das für einen heißt. Das kann man nur, wenn man für sich ist.

Warum tun sich viele mit dem Alleinsein schwer? Gründe dafür gibt es viele, sagt Wilhelm Vossenkuhl. Ein Grund ist sicherlich, dass sie mit sich nicht im Reinen sind. Sie haben mit sich ein Problem, eine seelische Verwundung. Sie wollen sich selbst nicht so sehen, wie sie sind, weil sie davor Angst haben. Auch dafür gibt es Gründe. Das hat nichts mit Schuld oder Unschuld zu tun. Wir sind verletzliche Wesen und wir werden von vielen Dingen verletzt. Menschen tun uns weh, ohne dass sie das wollen oder merken. Und wenn das oft passiert, dann sinkt unser Selbstwertgefühl, vielleicht ins Bodenlose. Wenn das der Fall ist, dann wollen wir eigentlich nichts mehr mit uns zu tun haben, dann wollen wir vor uns selbst flüchten, dann wollen wir nur noch weg.

Mit sich selbst gut umzugehen und klarzukommen, ist eine große Begabung, so Philosoph Wilhelm Vossenkuhl.

Der Mensch braucht die Momente des Alleinseins. Er hat eine tiefe Sehnsucht danach, die Irritationen des Lebens loszuwerden. Er flieht vor jeder Art von Lärm. Wir haben so eine Art von metaphysischem Bedürfnis, könnte man sagen. Wir brauchen über das Essen und Trinken und die äußeren Merkmale von Partnerschaften, auch eine Art von Gewissheit, die eine primär seelische, geistige Gewissheit ist. Die Sehnsucht danach ist sehr groß. Die einen gehen in die Einsamkeit, die anderen treiben Sport. Jeder verbindet mit bestimmten Tätigkeiten andere Ziele, aber es ist immer das gleiche Bedürfnis: Das Wesentliche des Lebens zu finden, ob wir auf dem Jakobsweg gehen oder ob wir ins Himalaja gehen und den Keilash[1] umwandern oder etwas Ähnliches. Darauf kommt es letztlich nicht an, wichtig ist, dass wir alle diese Sehnsucht haben.

Auf der Suche nach dem Wesentlichen im Leben ziehen sich manche zur Meditation zurück wie Theologe und Zen Lehrer Christian Hackbarth-Johnson. Es ist für ihn eine Möglichkeit, das Leben in seiner ganzen Fülle wahrzunehmen. Wenn man normalerweise durch die Welt geht, ist der Blick ganz stark eingeschränkt durch die psychologischen Muster, die sich in der Kindheit und in der Entwicklung gebildet haben. Und die bewirken automatisch, dass bestimmte Wahrnehmungen ausgefiltert wer-

[1] Berg in Tibet, Volksrepublik China

den. Die Meditation führt einen wieder ganz zu sich. Der Blick wird klarer.

Viele Menschen meditieren inzwischen. Der tiefste Antrieb ist dabei die Selbstfindung und die Gottfindung, so Theologe Christian Hackbarth-Johnson. Doch gibt es auch andere Gründe. Manche wollen mit den Anforderungen der Arbeitswelt besser zurechtkommen. Diese Menschen stehen oft vor Sinnfragen: Warum passieren so schreckliche Ereignisse wie Fukushima? Was hat das mit mir zu tun? Wie kann ich darauf reagieren? Wie wird mein Leben wesentlich in der Welt, wo all diese Dinge passieren? Manche Menschen kommen mit all diesen Eindrücken nicht mehr klar und suchen dringend nach etwas, das ihnen Halt gibt. Meditation kann so eine Kraftquelle sein. Denn der Halt kann nur von Innen kommen.

Ob eine Meditation, ein Klosteraufenthalt oder eine Bergtour: Wege nach innen und damit zu sich gibt es viele. Gemeinsam ist ihnen: Man muss sie allein gehen. Einen vorgezeichneten Weg gibt es nicht. Die Momente des Alleinseins sind wertvoll. Man kann entdecken, was einem wichtig ist, was man machen möchte und wie man mit sich selbst besser befreundet sein kann. Diese Phasen des Alleinseins eignen sich zur Selbstfindung und spirituellen Suche. Es sind Momente, in denen man sich ganz bewusst für die größere Dimension öffnen kann, in die alle Menschen eingebunden sind.

Damit können Zeiten des Alleinseins eine große Chance sein für einen Aufbruch in das Reich der eigenen Seele und auch in ein Reich, das manche das Universum nennen und andere Gott, sagt Psychologin Ursula Wagner. Zeit für sich haben ist wichtig und wohltuend, doch es kommt auf die Balance im Leben an, zwischen dem Alleinsein und den sozialen Beziehungen. Nur wenn dieses Verhältnis im Gleichgewicht ist, fühlt sich der Mensch gut.

Vom Loslassen

Gib dich nicht auf,
es ist nie zu spät
für einen Neubeginn.
Es ist noch Zeit,
den Lebenskurs zu ändern.“

Hans Kruppa

„Zurücklassen musste ich ein regelmäßiges Einkommen, zurücklassen musste ich eine Tagesstrukturierung, die von außen kommt, zurücklassen musste ich Kollegen, zurücklassen musste ich die Reputation, die man als Professorin hat."

Angela

Die wissenschaftliche Karriere hat sich einfach ergeben. Ursprünglich war Angela Erzieherin. Dann setzte sie ein Studium der Sozialpädagogik drauf. Doch intellektuell fühlte sie sich immer noch unterfordert. Da bekam sie das Angebot, eine Doktorarbeit zu schreiben. Für sie war es eine Chance, zu sehen, ob sie das auch schafft, ob sie wissenschaftlich und diszipliniert denken kann. Drei Jahre hat sie sich angestrengt und daran geschrieben. Dann war sie promovierte Sozialpädagogin. Fehlte nur noch eine Professur an einer Fachhochschule. Auch diese Hürde schaffte sie. Doch plötzlich war sie mit der Stelle völlig überfordert. Allen wollte sie es recht machen, dem Dekan, den Professoren und den Studenten. Dafür hat sie sich eine Menge Bücher angeschafft und sich in Themen eingearbeitet. Sie hat Seminare vorbereitet und wenig Pausen gemacht, sich einfach überfordert. Dadurch ist sie immer mehr in eine Situation gekommen, die sie mit Angst erfüllte. Die Selbstzweifel waren groß. Plötzlich schaffte sie ihr gewohntes Pensum nicht mehr. Enormer Stress baute sich auf, bis sie es eines Tages nicht mehr aushielt und sich ärztliche Hilfe suchte. Sie erlitt einen seelischen Zusammenbruch und musste in eine Klinik. Während des achtwöchigen Aufenthalts wurde ihr klar, dass sie nicht mehr in dieses Beamtenverhältnis zurück konnte. Sie musste einen neuen Weg finden, wenn ihr ihre Gesundheit lieb war. Doch wie sollte der Weg aussehen? Da war erst einmal nichts, nur ein Gedanke: Warum hat sie nicht funktioniert? Eine Ärztin half ihr, von diesem quälenden Gedanken loszukommen. Sie riet ihr, zu akzeptieren, dass das nicht die richtige Stelle für sie war. Einfach war das nicht. Gab es da doch diese bohrenden Fragen: Wieso ist das jetzt ausgerechnet bei mir so? Eigentlich bin ich doch gut? Davon endlich loszulassen und zu sagen, das war nicht das Meine, empfand sie als große Befreiung. Plötzlich wurde ihr klar, dass ihr bisheriges Leben sehr kopflastig war. Vergessen hatte sie, dass es im Leben auch um das Fühlen und Gestalten geht. Das war eine überraschende Erkenntnis für sie. Die Klinik war für Angela immer etwas Beschützendes. In diesem Rahmen war es für sie möglich, einfach mal aufzuhören ständig zu überlegen, sich Gedanken zu machen und nur das zu machen, wozu sie Lust hatte. Für sie war es wichtig, etwas aktiv mit ihren Händen zu gestalten. Sich nur ins Bett zu legen, wäre für sie nie in Frage gekommen.

Schon in der Klinik formt sie Ton und gestaltet ihn. Damit knüpft sie intuitiv an Dinge an, die sie schon ihr ganzes Leben gemacht hat. Sie erinnert sich, dass sie immer schon gern kreativ gearbeitet hat. Plötzlich hört sie nicht nur auf ihren Kopf, sondern folgt ihrem inneren Bedürfnis, ihrer Seele. Das bringt eine totale Wende in ihrem Leben. Sie wagt den Schritt zur Künstlerin und gestaltet Keramikfiguren, die menschliche Charaktereigenschaften zeigen: Eitelkeit, Charme, Verletzlichkeit. Der Mensch steht im Mittelpunkt. Damit knüpft die 51-Jährige an früher an. Es ist nicht so, dass sie jetzt nach dieser Krise ein völlig anderes Leben angefangen hat, meint sie. Vieles zieht sich durch, wie ein roter Faden. Mit Menschen befasste sie sich immer schon, auch in ihrem damaligen Beruf. Sie arbeitete mit Kindern, mit Jugendlichen, mit Erwachsenen und mit alten Menschen. Sie hat Gerontologie[2] studiert, die Wissenschaft vom Altern der Menschen. Heute ist für sie das Alter ein wichtiges Thema in ihrer Kunst. Deshalb würde sie auch nie sagen, dass das frühere

---

[2] Die Wissenschaft vom Altern der Menschen

Leben umsonst war, oder dass das ein Fehler war. Es ist nur folgerichtig, wie es ist.

> *„Ein neues Leben zu starten, das bedeutete für mich, mich von vielen Vorstellungen zu lösen."*
>
> *Stefan*

Nach der Doktorarbeit in der Pharmazie packte Stefan die Sinnkrise. Fusionen in der pharmazeutischen Industrie gestalteten die Bewerbung schwierig, weil überall Personal eingespart wurde. Über einen Freund fand er endlich eine Anstellung in einer Apotheke. Doch die nächste Gesundheitsreform stand bevor. Die Umsätze sanken. Damit wurde auch sein Arbeitsplatz wegrationalisiert. Plötzlich befand er sich in einer Situation, die er schon in seinem Schülerleben vermeiden wollte, nämlich arbeitslos zu sein. Das konnte nicht sein. Das durfte nicht sein. Das war einfach ein Gesetz in seiner Familie, das hat es einfach nicht zu geben. Dementsprechend hat er auch immer gute Noten nach Hause gebracht. Seine Karriere hat er ebenso geplant. Er folgte den Karriereratgebern und den Fachleuten aus dem Personalwesen, um zu wissen, wie man Karriere macht. Doch das erwies sich als nicht mehr praktikabel. Nichts funktioniert mehr. Das war für Stefan eine Katastrophe.

Über ein dreiviertel Jahr hat er eine neue Stelle gesucht. Dabei hat er viel nachgedacht; er kommt zu dem Schluss, dass ihm sein Beruf wenig kreativen Freiraum lässt. Eine schwierige Zeit, sagt er. Arbeitslos zu sein bedeutet gleichzeitig, von der Gesellschaft stigmatisiert zu werden. Stefan erlebt das so: Das klebte an einem, egal wie gut man seine Arbeit gemacht hat. Diese Situation forderte von ihm ein radikales Umdenken. Er musste sich komplett neu orientieren. Die Frage war: Was sollte er jetzt machen? Womit bewirbt er sich? Was hat er aus den früheren Tätigkeiten gelernt? Wie kann er sich ein neues Tätigkeitsfeld schaffen?

Immer wieder gibt es die Momente, wo er sich fühlt, als hätte er nie etwas gelernt, als hätte er überhaupt keinen Beruf. Das sind so Momente, wo er sich sagt, jetzt hast du Pharmazie studiert, jetzt hast du promoviert, du hast in den Folgejahren so viele Fortbildungen in den unterschiedlichen Bereichen gemacht. Und jetzt? Der Markt ist extrem schwierig. Unmöglich, an Aufträge zu kommen und noch schwieriger, in ein Angestelltenverhältnis zu kommen. Für Stefan sind es harte Momente. Sein Selbstwertgefühl sinkt ins Bodenlose.

Die finanzielle Sicherheit war ihm schon immer wichtig. Darauf basierte seine ganze Berufswahl. Die Sicherheit stand einfach im Vordergrund. Pharmazie passte zu seinen guten Noten in der Schule. Darum hat er sich auch für dieses Studium entschieden. Es lief gut. Alle Prüfungen zog er einfach durch. Im Beruf aber merkte er, dass er sich schwer tat, seinen Platz zu finden. Er wollte etwas dazulernen und etwas entwickeln. Diese Perspektive bot aber sein Arbeitsplatz nicht. Damit fehlte ihm Wesentliches.

Stefan wog sich in trügerischer Sicherheit: Das Marktgeschehen änderte sich im Laufe der Zeit. Alles ist schnelllebig geworden. Für Stefan heißt es, seine gewohnten Denkstrukturen loszulassen und anzuerkennen, dass es so nicht funktioniert. Er muss sich etwas Anderes überlegen. Plötzlich beginnt er sich zu fragen: Was macht ihm wirklich Spaß? Wo zieht es ihn hin? Was begeistert ihn wirklich? In diesem Suchprozess stieß er auf ein Thema, das ihn schon als Kind bewegt hat. Es ist das Thema des Umweltschutzes, der Ökologie und der Landwirtschaft. In diesem Bereich hat er sich inzwischen ein Wissensfeld aufgebaut, hinter dem er steht.

Dieser Weg führt ihn direkt in die Selbständigkeit. Er ist steinig. Es ist ein Schritt in ein Leben, das ihn erst einmal mit vielen Entbehrungen konfrontiert. Für Stefan bedeutete es, von vielen Vorstellungen loszulassen. Auto, Haus, Frau, Kinder, Urlaub, all diese Dinge, die in unseren Breitengraden als gutes Leben betrachtet werden, waren für ihn vorerst unerreichbar. Seine Selbständigkeit war ein irgendwie Durchkommen von Woche zu Woche und ein

Nicht-planen-können. An Urlaub war erst einmal nicht zu denken.

Doch diese Zeiten sind inzwischen vorbei. Stefan hat die Situation auf dem Arbeitsmarkt gezeigt, dass er einen anderen Weg gehen muss. Nach einem längeren Suchprozess hat er Themen gefunden, die ihn begeistern und seiner Persönlichkeit entsprechen. Die Themen Umweltschutz, Ökologie und Landwirtschaft sind sein neues Aufgabengebiet. Dabei wendet er sich ganz besonders dem Gebiet der sogenannten Urbanen Permakultur zu, also der Selbstversorgung ohne Garten.

Durch die Selbständigkeit hat er viel Lebensqualität gewonnen, auch wenn sie Ungewissheiten mit sich bringt: Ein schwankendes Einkommen und schlechte Planbarkeit. Das ist die eine Seite. Die andere: Die freie Zeiteinteilung begeistert ihn sehr. Darin liegt für ihn eine große Freiheit. Er konnte auch viele Dinge ausprobieren. Dabei hat er in den Unternehmen über Hierarchieebenen hinweg Einblicke bekommen.

Inzwischen hat der 48-Jährige über 10 Jahre Erfahrung in der Selbständigkeit, ein Vorteil, den er in der heutigen Zeit zu schätzen weiß. Er sieht Kollegen, die jetzt auf die 50 zugehen und ständig in Industriejobs waren und jetzt aus diesen Stellen herausgemobbt werden. Sie sind psychisch krank geworden und sind in Burn-out-Kliniken. Er erlebt, wie man sich der Kollegen irgendwie entledigt, weil sie nicht mehr funktionieren. Wenn er sich solche Schicksale ansieht, ist er froh, dass er seinen eigenen Weg gegangen ist.

Angela hätte ohne die persönliche Krise nie ihren Weg als Künstlerin gefunden, den sie heute erfolgreich geht. Der seelische Zusammenbruch und der lange Klinikaufenthalt brachten sie zum Umdenken. Sie geht inzwischen viel gelassener mit sich selbst und anderen um. Ihr neuer Lebensweg war für sie nicht nur eine Notwendigkeit, er bringt der 51-Jährigen absolute Freiheit und Selbstbestimmung. Sie hört immer wieder, dass die Leute sagen, wie mutig sie sei, dass sie das so gemacht habe. Doch das hat sie nie so empfunden. Für sie war es eine absolute Notwendigkeit, diesen Weg einzuschlagen. Sie hörte auf ihren Körper, ihre Seele und ihren Geist. Heute fühlt sie sich in ihrem Leben angekommen. Sie nutzt ihre Lebenszeit und ihre Talente. Sie hat das Gefühl, ganz geworden zu sein. Sie setzt alles ein: Ihren Kopf, ihre Wahrnehmung und ihre Hände. Die Über- oder Unterforderung ist aus ihrem Leben verschwunden. Heute ist ihr Leben in Balance und das ist für sie entscheidend.

„Einen Freundeskreis zu verlassen, eine gewohnte Umgebung zu verlassen, gewohnte Einkaufsmöglichkeiten, Veranstaltungen jeglicher Art, die man ja auch besucht hat, zu verlassen … Wenn man in ein Altenheim umzieht, muss man beachten, ob man das alles auch verkraftet."

Annemarie

Ältere Menschen stehen oft vor großen Herausforderungen. Sie müssen sich von vielen persönlichen Dingen trennen, etwa beim Umzug ins Altenheim. Manchmal sind es aber nicht das Alter und die Umstände, sondern eine Krankheit, die jemanden zu solch einem Schritt bewegt. Bei Irene war das der Fall.

Eine plötzliche Querschnittslähmung zwang sie in den Rollstuhl. Auslöser war eine starke Osteoporose. Damit änderte sich ihr Leben von einem Tag auf den anderen. Ihr Zuhause, eine schöne 75 Quadratmeter große Eigentumswohnung, musste sie verkaufen, weil sie sich nicht rollstuhlgerecht umbauen ließ. Ein schmerzlicher Moment. Irene ist eine sehr gepflegte Frau. Sie musste mit ihren 63 Jahren in ein Alten- und Pflegeheim ziehen. Ihr Zuhause ist jetzt ein 26 Quadratmeter großes Zimmer, das sie geschmackvoll eingerichtet hat. Ein paar Andenken ihrer Reisen als ehemalige Reisekauffrau erzählen von fernen Ländern. Mit vielen Dingen aus diesem früheren Leben kann sie im Heim nichts mehr anfangen, sagt Irene. Ihr Zimmer schmücken ausgesuchte Lieblingsstücke: Skulpturen, Bücher und Bilder. Das ist alles. Sie kommt hier mit ihrem Rollstuhl zurecht. Da ist das mit dem 26qm großen Zimmer nicht mehr das Thema. Im Umkreis hat sie ein Café und einen Garten. Das genügt ihr.

Der Umzug ins Altenheim war nicht leicht, schließlich ist Irene erst 63. Ein Alter, in dem viele noch arbeiten, mitten im Leben stehen oder ihre Pension genießen und Träume verwirklichen. Sie findet ihre Situation furchtbar. Es macht sie traurig, dass Gesprächspartner fehlen. Sie ist eine der Jüngsten hier. Die meisten Bewohner sind zwischen 80 und 90. Sie möchte noch etwas erleben.

Der Schritt ins Altenheim ist tatsächlich nicht leicht, auch wenn man sozusagen noch rüstig ist, sagt die 81-jährige Annemarie. Es bedeutet nicht nur, sich räumlich zu verkleinern. Sie erlebt es als gravierenden Einschnitt. Bleibt mit den vielen Dingen, die man zurücklässt, doch auch ein Teil der Identität zurück. Ob es die Bilder sind, die Bücher, die Vasen oder die Antiquitäten. All das abzugeben, stimmt sie traurig. Aber sie weiß, dass diese Dinge einfach nicht in die neue kleine Wohnung passen. Das muss man sich richtig klar machen, nicht nur mit dem Verstand, auch mit dem Herzen. Man muss wissen, was man aufgibt, sagt sie. Das ist keine einfache Sache.

Nach dem Tod ihres Mannes konnte Annemarie nicht mehr in der fünf-Zimmer-Wohnung in Traunstein leben. Sie zog nach München in ein sogenanntes betreutes Wohnen. Dieser Schritt kostete sie sehr viel Mut. Das hieß für sie, einen Freundeskreis zu verlassen, eine gewohnte Umgebung und gewohnte Einkaufsmöglichkeiten. Loslassen musste sie auch von Veranstaltungen wie Konzerten, Theater oder Wanderungen. Das muss man auch verkraften, sagt Annemarie. Man braucht eine gewisse Zeit, um sich im Altenheim einzugewöhnen. Und das Loslassen verfolgt sie noch Wochen danach. Die Gedanken wandern immer wieder in die Vergangenheit: Wie war das an Weihnachten, wie der Geburtstag? Sie denkt viel an früher, an die schönen Erlebnisse. Doch sie weiß, wenn man ins Altenheim einzieht, muss man nach vorne blicken.

Mittlerweile hat sie sich gut eingewöhnt. Heute ist es ihr Zuhause, in dem sie sich wohlfühlt. Der Schritt ins Altenheim hat ihr Leben bereichert, ihr Neues und Schönes gebracht: Sie wurde gut aufgenommen und hat wieder Anschluss gefunden.

Mit dem Umzug ins Alten- und Pflegeheim beginnt ein neuer Lebensabschnitt, meist der letzte. Ruth ist sich dessen sehr bewusst. Es ist ein Schritt, bei dem man sich fragen muss: Was brauche ich wirklich? Was bleibt? Ein Leben bis zuletzt, sagt Ruth. Sie hat ein sehr ereignisreiches

Leben mit allen Facetten gelebt. Davon kann sie jetzt noch profitieren, auch wenn sie sich einschränken muss.

Ruth hat den Umzug in ein Pflegeheim noch vor sich. Jeden Tag kann es soweit sein. Die 74-Jährige leidet an einer Art Leukämie, die sich plötzlich radikal verschlechtern kann, so dass sie sich nicht mehr selbst versorgen kann. Darum steht sie auf der Warteliste eines Heims. Dem Abschied von ihrer Wohnung, ihrem Besitz sieht sie gelassen entgegen. Sie hängt an keinen Dingen. Sie hat die Menschen und die Ereignisse in ihrem Kopf. Sie erinnert sich noch ganz genau an alles, vor allem an die Bergtouren und die Begegnungen mit Menschen. Diese Erlebnisse haben sich in ihr Gedächtnis gegraben. Dazu braucht sie kein Foto. Darum ist es ihr nicht so wichtig, was in den Koffer passt. Ihr kommt es vielmehr auf das Vertrauen ins Leben an, dass es ihr in anderer Umgebung auch gut geht. Für ihr Leben dankbar zu sein, das ist ihr das Wichtigste.

Im Loslassen wird der Blick frei auf Dinge, die wirklich zählen, sagt Ruth: Die noch verbleibende Gesundheit, ein Tag in der Natur mit Menschen. Und so sieht es auch Irene. Etwas Zurücklassen bedeutet nicht das Ende. Sie hat ein erfülltes Leben gehabt und darum hat sie noch einen Rat: Sagen Sie nie, ich mache das morgen oder im nächsten Jahr, machen Sie alles sofort. Sie ist heilfroh, dass sie ihren spontanen Ideen und Wünschen nachgegangen ist. Das ist es auch, was sie heute tröstet. Doch es gibt nicht nur das Gelebte, vielleicht kommt auch noch etwas Neues auf einen zu. Wer weiß das schon.

Neue Wege gehen wir oft nicht freiwillig. Erst äußere Faktoren zwingen uns dazu, Vergangenes loszulassen und auf Neues zuzugehen. Wer lässt schon gern so viel Persönliches zurück und geht ins Altenheim. Bei Annemarie war es der Tod ihres Mannes, der sie diesen Schritt tun ließ. Bei Irene und Ruth waren es die Krankheiten, die ihnen keine andere Wahl ließen. Doch alle drei Damen lassen sich auf diesen neuen Lebensabschnitt ein und gewinnen einen ganz anderen Blick auf das Leben. Sie sehen das Wesentliche in ihrem Leben: Die noch verbleibende Gesundheit, die Natur und die Begegnung mit Menschen.

Lebensmitte

„ … Höre auf dein Herz und gehe deinen Weg.
Lass dich überraschen von den Wundern,
die dir dort begegnen.“

Aus der Toskana

Es ist eine Zeit des Wandels und oft einer Krise. In der Lebensmitte stellen sich Frauen und Männer Fragen nach dem Lebenssinn: Was ist mir wichtig? Wo will ich hin? Was muss ich ändern? Die Lebensmitte erleben Menschen ganz individuell. Mancher fühlt sie mit 40, ein anderer mit 45 oder 50. Klar ist nur, dass die Endlichkeit näher ins Bewusstsein rückt. Das bewirkt ein Umdenken. Während man vorher lebt, als würde es endlos so weitergehen, beginnen Menschen jetzt darüber nachzudenken, was sie vom Leben noch alles erwarten, was sie noch schaffen, noch erfahren möchten. Veränderungen im Arbeitsleben und im privaten Leben kommen hinzu: Eine Kündigung, eine Trennung, eine Krankheit. Oft lösen diese Faktoren Krisen aus und fordern einen auf, im Leben etwas zu verändern. Darauf ist man nicht vorbereitet. Alte Strategien, die man schon als Kind entwickelt hat, um das Leben zu meistern, tragen plötzlich nicht mehr. Neue Fähigkeiten sind gefragt. In der Lebensmitte fordert uns die Seele auf, Fähigkeiten zu aktivieren, die in der ersten Lebenshälfte brach lagen, weil sie nicht gebraucht wurden. Das ist eine große Herausforderung. Viele Menschen verunsichert diese Lebensphase, sagt Gert Krohn. Er ist Pastoralpsychologe im C.G. Jung Institut in München, einem Aus- und Weiterbildungsinstitut für analytische Psychologie. Das, was der Mensch nicht kennt, ängstigt ihn, sagt er, darum halten viele an Altem fest und geraten in eine Krise. Die Lebensmitte ist oft ein Einschnitt, manchmal auch ein Umbruch. Auf jeden Fall ist es eine Zeit, die einen auffordert, Neues zu lernen.

Doch das scheint oft so schwierig, dass viele diesen Weg gar nicht erst antreten. Sie stellen sich nicht der Aufgabe. Lieber bleiben sie bei ihren alten Verhaltensmustern und machen damit auch immer wieder dieselben Erfahrungen; lernen nichts Neues und stecken damit in einer Wiederholungsschleife. Gert Krohn verdeutlicht das am Beispiel der Männer, die oft in der Lebensmitte ihre Frau verlassen und sich eine jüngere suchen, in der Hoffnung wieder neues Lebensglück zu finden. Es ist Ausdruck einer großen Verunsicherung und zeigt, dass die Herausforderung Neues zu lernen, verweigert wird. Darum treten in der neuen Beziehung die gleichen Probleme auf, wie in der ersten.

Falten, graue Haare, Gewichtszunahme. Das sind die äußeren Zeichen. Sie kündigen sich sowohl bei Männern als auch bei Frauen an. Allerdings wird die Lebensmitte ganz unterschiedlich wahrgenommen. Frauen merken oft körperlich die hormonelle Umstellung durch Hitzewallungen,

Schweißausbrüche und Schlafstörungen. Männer hingegen kennen keine biologischen Wechseljahre, trotz des langsam sinkenden Testosteronspiegels, so Studien. Dennoch können auch Männer diese Zeit als Krise erleben. Dabei sind sie Meister im Verdrängen. Arzt und Psychotherapeut Peter Henningsen meint, dass es für Männer typisch sei, weniger als Frauen darüber nachzugrübeln, was in der momentanen Lebenssituation wichtig ist. Der Mann kompensiert lieber seine Verunsicherung dadurch, dass er versucht, noch als junger Mann durchzukommen, in dem er sich zum Beispiel einen Sportwagen kauft und sich in enge Jeans zwängt. Es ist eine Form der Verdrängung, die zeigt, dass das Älterwerden als Kränkung erlebt wird. Plötzlich funktionieren Dinge nicht mehr so wie früher oder gehen nicht mehr so leicht von der Hand. Grenzen, Veränderungen und Verluste werden aufgezeigt: Körperliche, berufliche oder andere. Unzufriedenheit im Leben macht sich breit, Stimmungsschwankungen treten auf. Das alles sind Anzeichen dafür, dass Mann in einer Midlife-Crisis steckt.

Mann und Frau ziehen in der Lebensmitte eine Zwischenbilanz: Wie habe ich bisher gelebt? Kann das Leben so weitergehen? Was will ich noch erleben? Edith zum Beispiel wollte ihrem Leben noch einmal eine Wende geben.

Die Pfarrerin hat vor ein paar Jahren eine ganz neue Stelle angetreten in der Evangelischen Altenheimseelsorge. Sie stellte sich Fragen wie: Was habe ich aus meinem Leben gemacht? Wohin will ich? Womit möchte ich den Rest meines Lebens verbringen? Die 49-Jährige empfindet Zeit inzwischen als etwas sehr Kostbares. Sie will gut genutzt sein, weil sie nur begrenzt zur Verfügung steht. Leben ist nicht unendlich. Das wird einem so richtig bewusst. Darum erlebt sie die Tage intensiver. Das klingt fast ein bisschen esoterisch, meint Edith, so als ob man den ganzen Tag meditieren würde. Das sei natürlich nicht der Fall. Sie glaubt, dass das eher Gedanken sind, die halbbewusst mitlaufen, sie begleiten.

Edith hat sich mit ihrer Lebensmitte viel auseinandergesetzt. Das hat Perspektiven verändert. Sie kommt zu dem Schluss, dass es wichtig ist, den Augenblick wahrzunehmen und den Moment zu leben. Heute setzt sie Prioritäten anders. Äußerliche Dinge wie Erfolg, Anerkennung und Statussymbole rücken immer mehr in den Hintergrund. Sie selbst nimmt sich auch nicht mehr so wichtig. Bedeutend ist für sie das menschliche Miteinander geworden, einfach füreinander da sein. Eine Fürsorge, die vor allem ihrer Familie gilt, aber auch Freunden, Bekannten und anderen Menschen. Heute geht es ihr mehr darum, was sie für andere tun kann, zu erspüren, was der andere von ihr braucht. Sie selbst hat schon so viel erlebt und Erfahrungen gesammelt, dass sie heute anderen mit mehr Verständnis begegnen kann. Das klinge zwar sehr kirchlich, nach Barmherzigkeit und Gnade, doch sie finde es wunderbar, wenn Menschen gnädig miteinander umgehen und nicht immer gleich sagen: „Du hast was falsch gemacht". Das sei zu streng und unbarmherzig. Mehr Lebenserfahrung bringt da mehr Gelassenheit mit sich. Man muss nicht auf seiner Meinung beharren, sondern kann es gut sein lassen.

Leben bedeutet ständiges Lernen, um auf die Veränderungen reagieren zu können. Das beginnt mit der Grundschule und führt zur Universität oder anderen Ausbildungsstätten. Dort bekommt man das Handwerkszeug, um für den beruflichen Weg gerüstet zu sein. Schulen, die auf das Leben vorbereiten, geschweige denn auf Lebenswenden, gibt es nicht. Das gilt auch für die Lebensmitte. Oft fehlt da die Orientierung, gerade wenn alte Strukturen nicht mehr tragen und neue Wege gefunden werden müssen. Wer sagt, wie es laufen soll? Wer klärt über die psychische Situation auf? Wer sagt, was die Seele in dieser Zeit braucht? Die Seele braucht Zeit und Aufmerksamkeit, um sich neu zu orientieren, meint Pastoralpsychologe Gert Krohn. Wichtig ist dabei, herauszufinden, was in dieser Zeit persönlich passiert. Natürlich kann man über die Situation allein reflektieren, doch hilfreich sind oft Gespräche, ob professionell oder mit Freunden und Bekannten. Hier findet ein Gedankenaustausch statt und eine Spiegelung. Gert Krohn denkt dabei an tiefgehende Gespräche zum Beispiel auch über die Sexualität, ein Thema, dass bei Männern nicht so üblich sei, meint er. Egal, ob man sich jetzt alleine Gedanken macht oder sich in Gesprächen austauscht, beides braucht Zeit. Und die muss man sich nehmen, wenn man in diesem Prozess weiterkommen will.

Sich Zeit nehmen, das wollte Christopher. Der 50-Jährige hatte sich vorgenommen auf Pilgerreise zu gehen. Eine Kontemplation in Bewegung sollte es werden. Jetzt klappt es zeitlich nicht. Der Terminkalender ist einfach zu voll. Er wollte mal innehalten, schauen, wo er sich jetzt befindet, was die Lebensmitte von ihm fordert. So ganz klar ist ihm das noch nicht. Häufig muss der Psychologe daran denken, wo er herkommt. Seine Vergangenheit beschäftigt ihn, aber auch das Thema Alter. Darauf möchte er gut vorbereitet sein. Da bleibt wenig Zeit für das Hier und Jetzt. Doch die braucht er, wenn er pilgern geht. Dann bleibt der Alltag draußen; es gibt keine Ablenkung: Kein Handy, kein Internet, keine Termine. Man kommt zu sich. Und genau das braucht die Lebensmitte. Sie will wahrgenommen werden. Nur so ist es möglich, Erkenntnisse zu bekommen, um dann neue Akzente und Impulse im Leben zu setzen. Er wollte etwas in Bewegung setzen, doch alle seine Pläne sind geplatzt. Das findet er ziemlich schräg. Was für ein Jahr, seufzt er. Aber er ist zuversichtlich. Er hofft, dass er Zeit finden wird, damit er zu sich kommt. Denn eines weiß er ganz genau: Er will nachspüren, was es heißt zufrieden 50 zu sein.

Als Psychologe versucht Christopher mit der Lebensmitte produktiv umzugehen. Dieses Jahr möchte er eine Männergruppe gründen, sozusagen eine Schule der Lebensmitte. Da wird dann bilanziert, wo man steht. Es gibt psychologische Untersuchungen, die festgestellt haben, dass man im Alter im Grunde nichts Neues anfängt, so der Psychologe. Man muss sich deshalb schon in der Lebensmitte überlegen, was bleibt, wenn die Arbeit irgendwann wegfällt. Sonst bleibt später nur eine große Leere. Für Männer könnte genau das eintreten, weil es für sie nur die Arbeit gab. Um andere Interessen haben sie sich nur wenig oder gar nicht gekümmert. Das sei sozusagen die Achillesferse bei vielen, sagt er. Sie arbeiten ständig und sind ganz zufrieden, dass das mit 50 noch so gut geht, und meinen dann vielleicht, dass sie noch eins drauflegen können und arbeiten noch mehr. Mit 65 stürzen sie dann ab, weil sie neben der Arbeit gar nichts anderes aufgebaut haben. In der Männergruppe möchte er deshalb gemeinsam mit anderen Männern herausfinden, wie sie aufgestellt sind. Gibt es ein soziales Umfeld, das sie hält und trägt? Haben sie Interessen und Hobbies? Wie sieht es mit den Finanzen aus? Das sind nur ein paar entscheidende Fragen in diesem Zusammenhang, um zu sehen, ob man für das Alter gerüstet ist. Denn wer möchte nicht gern gesund und zufrieden alt werden?

Christopher hat für sich schon einmal Bilanz gezogen und kommt zu dem Schluss, dass er mit seinem Leben zufrieden ist und vor dem Älterwerden keine Angst hat. Auch jünger möchte er nicht sein. Er merkt, dass er den Jüngeren nichts neiden muss, auch weil er gelernt hat, sich mehr zu bescheiden und zufrieden zu sein, mit dem was er hat. Ihm ist seine Partnerschaft wichtiger geworden, ebenso die Familie und seine Freunde. Früher war das anders. Da kam es ihm auf den äußeren Glanz an: Viele Freunde zu haben, erfolgreich zu sein oder wenigstens von den Leuten dafür gehalten zu werden. Schade findet er, dass er erst jetzt, sozusagen in der Lebensmitte, zu der Erkenntnis gekommen ist, dass es nicht so sehr um das äußere Erleben geht, sondern um das innere: Mit dieser Erfahrung hätte er sich vieles im Leben leichter machen können. Doch es ist ein Reifungsprozess und der braucht Zeit. Vielleicht gehen jetzt die Dinge leichter, darauf hofft er.

Das ganze Leben braucht eine religiöse Begleitung, auch die Lebensmitte, sagt Pastoralpsychologe Gert Krohn. Dabei stützt er sich auf Studien von Carl Gustav Jung, dem Begründer der analytischen Psychologie. Jung hat herausgefunden, dass die Seele von Natur aus religiös ist. Sie ist nicht konfessionell, also weder evangelisch noch katholisch, doch sucht sie sich auf die ein oder andere Art religiöse Äußerungen. Das heißt, dass die Seele eine religiöse Erfahrung machen muss, wenn sie gesund durch das Leben kommen will, meint er. Religiosität gehört einfach zum Leben. Jung hat das etwa so formuliert: Die entscheidende Frage für den Menschen ist, ob er auf Unendliches bezogen ist, also auf etwas, was über unsere materielle gegenwärtige Welt hinausgeht. Das kann etwas Geistiges, Spirituelles sein oder in unserer christlichen, abendländischen Tradition Gott.

Biblisch gesprochen braucht die Seele für das Gleichgewicht Glaube, Hoffnung und Liebe, meint der Pastoralpsychologe. Hinzu käme bei Jung dann noch die Erkenntnis, sozusagen das geistige Durchdenken der Probleme. Gert Krohn fügt noch hinzu, dass das Wort Glaube ursprünglich aus dem Griechischen kommt und Vertrauen heißt. Das bedeutet, dass die Seele Vertrauen braucht. Um dieses zu erlangen braucht es Hoffnung und Erkenntnis. Beides nährt die Seele.

Je besser in der Lebensmitte für die Seele gesorgt wird, desto besser kommt man über die Krise. Nicht nur die Herausforderungen des Älterwerdens wollen angenommen werden, die religiöse, spirituelle Seite ist genauso wichtig, um die Seele im Gleichgewicht zu halten.

Thomas ist gerade 50 geworden. Er ist Seelsorger und fühlt sich in der Krise. Für ihn ist die Lebensmitte vor allem eine geistliche Herausforderung. Ihm geht es um das Vertrauen, dass das Leben trägt, auch wenn es begrenzt ist. Als er jung war, empfand er das Leben als unendliche Geschichte. Da endet das Leben normalerweise nicht. In seinem Umfeld hat er bis heute kaum Todesfälle erlebt. Nur an eine Situation erinnert er sich, da hat ein Freund sich mit 19 das Leben genommen. Aber das war ein Ausrutscher, meint Thomas. Alles andere war so in der Unendlichkeit des Lebens. Jetzt mit 50, weiß er natürlich, dass das Leben irgendwann zu Ende sein wird. Da muss er sich überlegen, wie er mit dieser Endlichkeit umgeht. Darin sieht er in erster Linie eine geistliche Aufgabe, ohne die er das Leben überhaupt nicht bewältigen würde.

Doch wie schafft man es, Vertrauen ins Leben zu haben, das fragt sich der Seelsorger immer wieder. Im Beruf redet er ständig über Vertrauen. Er spricht es den Menschen zu. Manchmal aber hat er selbst wenig davon, gerade wenn sich das Leben von der problematischen Seite zeigt. Er glaubt deshalb, dass Religion eine wichtige Rolle im Leben spielt, weil beispielsweise ein Seelsorger einem immer wieder das Vertrauen zusagen kann, das man in Krisenzeiten verlieren würde. In dem Fall braucht man einen Seelsorger, selbst wenn man Seelsorger ist, sagt er. Denn man selbst stößt immer wieder an die Grenzen des Vertrauens. Es ist halt nichts, was man einmal hat. Um Vertrauen muss man sich immer wieder bemühen. Doch das lohnt sich, auch wenn man manchmal das Gefühl hat, dass man das Vertrauen teilweise verloren hat und man in irgendwelche Abgründe stürzt. Er hat immer wieder in seinem Leben erfahren, dass das Leben trägt.

Für Thomas ist die Lebensmitte vor allem ein Moment der Rückschau in die eigene Biographie. Denn für ihn ist das Älterwerden nicht einfach nur eine Chronologie, sondern ein Immer-mehr zu dem werden, was man ist. Das zu akzeptieren, und nicht irgendeinem Traum nachzuhängen, wie man gerne wäre, darum geht es ihm. Dabei stellt er fest, um weiterzukommen, helfen ihm die alten Strategien nicht mehr. Er sucht nach neuen Impulsen. Klar ist ihm, dass er einiges lernen muss, zum Beispiel die Kontrolle abzugeben, Vertrauen zu fassen, nicht alles perfekt machen zu wollen, sondern drauf zu vertrauen, dass das Leben das seine hinzutut. Es geht auch darum, zu akzeptieren, dass das Leben begrenzt ist. Und dass andere etwas weiterentwickeln, wofür man sich eingesetzt hat.

Für Thomas ist die Lebensmitte eine schwierige Zeit. Darum sucht er Hilfe von außen. Er denkt dabei an eine Psychotherapie. Das sei keine Schande, meint er. Er glaubt, dass sich jeder Mensch das gönnen soll, spätestens in der Lebensmitte, wenn sie sich wie eine Midlife-Crisis anfühlt. Er sieht sie als Chance, denn Krise bedeutet im Griechischen Chance. Und diese hofft er, für sich nützen zu können. Die neue Selbstfindung empfindet er als große Aufgabe. Es ist ein Prozess, der gut begleitet sein will.

In dieser Umbruchszeit begleitet Thomas auch sein Glaube. In Bibeltexten findet er Trost und Mut zugleich. Auf diese Quellen kann er als Seelsorger zurückgreifen. Sie sind ihm vertraut und bieten ihm Sicherheit während der Zeit der Neuorientierung. In diesen Tagen ist ihm der Psalm 23 wieder ganz nahe gekommen. Der Herr ist mein Hirte, du weidest mich auf grünen Auen … Das sind schöne Bilder, die ihm helfen. Denn es ist eine Zeit, in der die Persönlichkeit in Unruhe fällt, weil man etwas Vertrautes aufgeben muss, um etwas Neues zu bekommen. Religiöse Texte haben für ihn in Krisenzeiten eine besondere Bedeutung. Dazu gehört auch der Johannestext: Habe Vertrauen, ich habe die Welt überwunden, so nimm diese Welt und nimm dich nicht so wichtig. Das sind Botschaften des Mutmachens. Der Satz „fürchte dich nicht", ist der häufigste der Bibel, sagt er und glaubt, dass diese Worte für Krisen gedacht sind, egal welcher Art.

Carl Gustav Jung habe einmal gesagt, jeder Psychotherapeut sei gut beraten, wenn er den Seelsorger zu Hilfe nimmt, erzählt Pastoralpsychologe Gert Krohn. Im günstigsten Fall sollen seiner Meinung nach die psychologische und die theologische Seite zusammenarbeiten.

Das wäre die beste Lösung für Lebenswenden, wie die Lebensmitte - und natürlich soll man in sich hineinhören, was einem wichtig ist.

Sigrid hat sich bereits mit 40 in der Lebensmitte gefühlt und den dringenden Wunsch verspürt, in ihrem Leben einiges grundsätzlich zu verändern, beruflich wie privat. Altenpflegerin wollte sie werden und raus aus der Ehe. Am besten sollte alles anders werden in ihrem Leben. Einfach war das nicht. Das brauchte Mut und Kraft. Gestärkt hat sie sich zum Beispiel in Meditations- und Tanzwochenenden im Benediktinerkloster St. Ottilien. Ganz bewusst hat sie die Gemeinschaft gesucht, Menschen, die genauso denken wie sie. Mit ihnen konnte sie sich auch über Glaubensfragen unterhalten. Das hat ihr richtig gut getan. Die Kurse waren für sie zwar eine Kraftquelle, doch sie war noch nicht am Ziel. Sie wollte noch etwas Anderes.

Ihr Ziel war es, Altenpflegerin zu werden und sie hat tatsächlich mit 40 den Mut aufgebracht, noch einmal etwas ganz Neues zu lernen. Sie hatte die Devise, was sie neu anfängt, will sie auch ein Jahr durchhalten. Ein Vorsatz, der für sie sowohl im Arbeitsleben gilt, als auch im Privatleben. Das war allerdings von Höhen und Tiefen geprägt. In Erinnerung an schöne, unbeschwerte Zeiten kamen viele traurige Momente hoch. Das musste wahrscheinlich auch so sein, meinte sie. Doch sie sagte sich immer wieder: „Du schaust ein Jahr, wie es dir dabei geht, und ziehst wieder Bilanz und entscheidest dann, geht es so weiter oder musst du noch einmal etwas ändern“. Das hat sich bewährt.

Heute ist Sigrid Altenpflegerin und lebt in einer neuen Beziehung. In der Umbruchsphase hat sie gelernt, auf sich zu hören und ehrlich zu sich selbst zu sein. Sie hat nachgespürt, ob ihr der neue Weg auch gut tut und gelernt, mehr im Hier und Jetzt zu sein. Ihr Leben ist intensiver geworden. Dabei hat ihr der Glaube viel Halt gegeben. Die Lebensmitte war für sie Krise und Chance zugleich.

Für viele ist die zweite Lebenshälfte eine Herausforderung, ist sie doch mehr als andere Lebensphasen von Veränderungen geprägt, im privaten und im beruflichen Bereich. Die Endlichkeit des Lebens wird einem bewusst. Darum ist es in dieser Zeit so wichtig, Bilanz zu ziehen, zu wissen, wo man steht und zu erkennen, wo man hin will. Manchmal ist es für diesen Prozess notwendig, Hilfe von außen anzunehmen, um in der Entwicklung voranzukommen. In der zweiten Lebenshälfte ist man nicht mehr jung und doch nicht alt. Vieles ist noch möglich, wenn man offen ist und Neues zulässt.

Die Lebensmitte ist ein Prozess der Neuorientierung. Die Wege dorthin sind sehr unterschiedlich. Manche Menschen gehen auf Visionssuche und andere nehmen sich eine Auszeit. Martin nimmt den Weg der Meditation, um zu neuen Erkenntnissen zu kommen.

Der Gong einer Klangschale ertönt. Dann folgen die Worte von Pfarrer Andreas Ebert. Sie erfüllen den Raum: „Gott ist in uns und um uns. Er ist die Luft, die wir atmen. Wir brauchen nichts zu tun als einfach da zu sein und auszuatmen. Unser Dasein ist unser Gebet." Die Meditation im Spirituellen Zentrum Sankt Martin in München ist eingeleitet. Es ist ein karger, schmaler Raum. Sitzkissen und Hocker liegen aus. Zwei Kerzen spenden warmes Licht. Drei Männer sind gekommen und lassen sich auf eine Stunde Stille ein. Es ist leise, kein Ton ist zu hören. Jeder ist ganz in sich versunken.

In der Meditation ist Martin ganz bei sich. In der Stille kann er auch Bilder aus der Vergangenheit loslassen. Er ist ganz im Hier und Jetzt. Für ihn ist Meditation die Möglichkeit, sich spirituell auszudrücken. Doch hat er viel Zeit gebraucht, um dahin zu kommen.

Seit zwei Jahren geht er den Weg der Meditation. Auslöser war eine Krise nach dem Tod seines Vaters. Es war wie ein Schlag, der ihm den Boden unter den Füßen wegzog. Der 52-Jährige wusste nicht, wie er mit dieser Situation und den Schmerzen umgehen sollte. Er suchte nach Halt und fand ihn in der Spiritualität.

Aus der Stille ertönt erneut der Gong der Klangschale. Er zeigt an, dass die Meditation jetzt ausklingt. Mit den begleitenden Worten des Pfarrers endet die Meditation: „Wir verneigen uns als Zeichen der Ehrfurcht und Achtung voreinander. Wir versuchen in dieser Stille zu bleiben und gestärkt in den Tag zu gehen."

Menschen in der Lebensmitte suchen nach neuen Impulsen und Situationen, die neue Herausforderungen mit sich bringen. Andere Strukturen und Rituale sind gefragt, denn die alten Strategien, die einen in der ersten Lebenshälfte durch Krisen geführt haben, greifen nicht mehr. Es gilt, Neues auszuprobieren.

Andreas Heger und Michael Kaminski leiten zusammen das Seminar Halbzeit in der Evangelischen Stadtakademie München. Thema ist die Lebensmitte. In dieser Zeit hören alte Strukturen auf, glaubt Andreas Heger. Was über 40 Jahre lang gegolten hat, wird plötzlich in Frage gestellt oder gilt gar nicht mehr. Da ändert sich zum Beispiel der Job. Auch der eigene Körper verändert sich. Man merkt, dass die Zeit vergänglich ist. Die eigenen Eltern werden älter. Ganz viel von den alten Strukturen ist auf einmal nicht mehr da. Auch das, was früher zum Erfolg führte, kann so nicht mehr fortgeführt werden oder hat keinen Erfolg mehr. Plötzlich nützt es nichts mehr, noch mal zwei Stunden abends mehr zu arbeiten, man fühlt sich trotzdem nicht besser. Das löst Angst aus, dass da etwas

Neues beginnt, das man noch gar nicht einordnen kann. Es ist der Weg ins Ungewisse. Darum überlegt Seminarleiter Michael Kaminski zusammen mit den Teilnehmern im Kurs, wie das Leben bisher war, wo große Umbrüche im Leben waren und wie diese bewältigt wurden. Sie prüfen, ob diese Bewältigungsstrategien, die sie benutzt haben, auch für die zukünftigen Umbrüche interessant sind oder ob es neue Strategien braucht. Nachgedacht wird auch über Lebensregeln, die man sich vorgibt und die das Leben ein Stück neu ausrichten können, gerade wenn sich die äußeren Strukturen verändern oder wegfallen. Es ist gut, sich zu fragen: Was sind eigentlich meine Richtlinien, nach denen ich lebe? Ich kann mir zum Beispiel sagen, dass ich dem Schmerz nicht mehr ausweiche. Auch kann ich mir vornehmen, zukünftig nicht nur darauf zu hören, was mein Kopf sagt, sondern auch auf das, was mein Bauch zu sagen hat.

Die Lösung liegt in den Menschen selbst. Es geht um eigene Erkenntnisse. Denn nur wenn man selbst etwas durchlebt hat, hat man es auch verinnerlicht. Diese Erfahrung hat Andreas Heger gemacht, als er beschloss, eine Auszeit zu nehmen. 15 Monate ist der 40-Jährige aus seinem Berufsleben ausgestiegen und ganz neue Wege gegangen. Er hat eine Coachingausbildung gemacht, die ihm ganz neue Ideen gegeben hat. Plötzlich konnte er aus seiner bisherige Welt ausbrechen und vieles aus einer anderen Perspektive sehen. Die Erkenntnisse aus dieser Zeit helfen ihm noch heute und machen seine Welt reicher. Er ist gepilgert. Das gab dieser Zeit den Rahmen. Zuerst ist er von der Haustür weg an den Bodensee gepilgert. Dabei hat er furchtbar Angst gehabt, dass er komplett vereinsamt. Doch das war eine ganz falsche Vorstellung. Die Zeit war aufregend und spannend. Jeder Tag ein neues Erlebnis.

Ein Hilfsprojekt wollte er auch starten, am liebsten in Indien. Letztendlich entschloss er sich aber, Hausaufgabenhilfe für Kinder mit Migrationshintergrund zu geben. Das war für ihn die größere Herausforderung, da er mit diesem Bereich vorher nichts zu tun hatte. Immer wieder hat er sich Aufgaben gesucht, die außerhalb seiner Komfortzone lagen.

Wenn er zurückblickt, stellt er fest, dass es eine sehr intensive Zeit war, mit verschiedensten Projekten. Trotzdem gab es auch Leerzeiten. Da waren Tage dabei, wo er gerne in einer festen Struktur gewesen wäre, mit Freunden und Kontakten. Doch gerade das hatte er ganz bewusst verlassen und erlebt jetzt, was es heißt, mit einem platten Reifen in Italien oder alleine in Indien mit einem verdorbenen Magen fest zu sitzen. Da kommt dann schon mal die Frage auf: „War das jetzt alles notwendig?"

Insgesamt hat er ganz viele Sachen auf seinem geistigen Zettel mit sich herumgetragen. Vieles hat er davon erledigt, obwohl es ihm nicht so vorkam. Im Rückblick merkt er auch, dass er immer ruhiger geworden ist. Am Ende seiner Auszeit freut er sich wieder auf seine Arbeit und geht diesen Schritt ganz bewusst und voller Energie an.

Heute ist Andreas Heger dankbar für diese Erfahrung und stolz darauf, dass er Dinge gemacht hat, die er vorher noch nicht ausprobiert hatte. Er hat viel dazugelernt und zu mehr Mut gefunden, ist gelassener geworden und hat in seinem Leben ein ganz neues Kapitel aufgeschlagen. Vor allem aber hat er geheiratet und eine Familie gegründet.

Auch wenn keiner so recht sagen kann, wo die Lebensmitte tatsächlich liegt, so spürt man doch eine sogenannte gefühlte Lebensmitte, sagt Willi Butollo. Er ist Professor für klinische Psychologie und Psychotherapie an der Ludwig-Maximilians-Universität München. Im Allgemeinen kann man schon erkennen, dass die Lebensmitte eine Phase ist, in der plötzlich die Endlichkeit unseres Daseins an den Menschen herantritt. Während man vorher lebt als würde man in dieser Weise endlos weiterleben können, wird einem bewusst, dass das Leben begrenzt ist. Das hat Konsequenzen. Die Menschen beginnen darüber nachzudenken, was sie alles noch erwarten von ihrem Leben, was sie alles noch machen, schaffen und erfahren möchten. Dafür müssen sie einen Zeitplan entwickeln. Oft stellen sie fest, wenn sie so weiter leben, dass sie das, wofür sie leben, nie erreichen werden. Und das führt manchmal zu einer Krise in der Lebensmitte.

Willi Butollo räumt aber ein, dass der Auslöser für Krisen in der Lebensmitte meist irgendwelche Veränderungen sind, die an den Menschen herangetragen werden. Viele stehen dann vor der Frage: Wie gestalte ich mein Leben so, dass es noch mit meinen Zielen übereinstimmt? Mit dieser Frage sah sich der Psychologe selbst konfrontiert, nachdem er schon sehr früh als Professor an der Universität arbeitete. Die Frage, wie er die Position sinnvoll ausfüllt, beschäftigte ihn. Er stellte fest, dass ihn die opportunistische Haltung der Forschung nicht befriedigte. Sie wurde geleitet von Möglichkeiten, die es gab, aber nicht von den eigenen Interessen. Das führte bei dem heute 67-Jährigen zum Umdenken. In seinem Fach hat das konkret dazu geführt, dass er sich mehr der humanistischen Psychologie zugewandt hat, die in der Öffentlichkeit weniger beachtet wird. Sie beschäftigt sich mehr mit der Wahrnehmung der Bedürfnisse von Menschen, ihrer Kontaktfähigkeit und der Akzeptanz von sich selbst. Die Normen, an denen die Menschen gemessen werden, gestalten sich immer unmenschlicher. Das gilt vor allem in manchen Bereichen des wirtschaftlichen Lebens, das skurrile Ausmaße annimmt. Menschen, die da nicht mitkommen können oder wollen, möchte der Psychologe gerne unterstützen.

Willi Butollo ist seinen eigenen Weg gegangen und hat dabei eine wunderbare Erfahrung gemacht: Man bleibt nicht lange alleine auf diesem Weg. Man findet Gleichgesinnte, die ähnliche Wünsche und Vorstellungen haben. Er hat erfahren, wenn man erstmal in einem bestimmten Rahmen isoliert ist, also sich nicht mehr so verhält, wie es die Routine vorsieht, werden neue Kontakte möglich. Heute fühlt er sich entspannter und zufriedener mit seiner Lebenssituation.

Und es gab noch eine große Veränderung in seiner Lebensmitte. Willi Butollo definierte sich lange Zeit als Atheist. Mit der katholischen Kirche konnte er nichts anfangen. Er trat aus der Kirche aus und bat Gott um ein Zeichen. Der Rest war Fügung. Er war nur offen für die Situation.

Es war die Begegnung mit Menschen, die Willi Butollo vom katholischen Glauben zum Islam, genauer gesagt zum Sufismus[3], führte. Kein leichter Weg. Die mystischen Wege sind alle ähnlich, sagt er. Sie zeigen einem die Grenzen auf. Wir erfahren, wie wir mit den alten Mustern gegen die Wand fahren. Es muss eine Art von Hingabe erfolgen,

---

[3] Sammelbezeichnung für Strömungen im Islam, die asketische Tendenzen und eine spirituelle Orientierung aufweisen

ein Loslösen. Das ist das Harte. Situationen, in denen diese Erfahrungen ablaufen, scheinen ganz trivial. Es kann zum Beispiel das Gefühl sein, nicht mehr dazuzugehören. Plötzlich völlig allein gelassen zu sein und voll mit der eigenen Bedürftigkeit konfrontiert zu sein. Wenn also diese Art von Angst schon lange da ist und man versucht hat, sie mit Methoden wie Leistung oder Professorentitel zu überspielen, dann wird man auf diesem Weg wieder damit konfrontiert. Indem man sich dem stellt, macht man andere Erfahrungen.

Der Ausstieg aus der Routine scheint Voraussetzung für einen neuen Weg zu sein. Der ist jedoch meist mit schwierigeren emotionalen Prozessen verbunden. Da ist das Alleinsein. Ganz auf sich gestellt, fühlt sich das erst einmal bedrohlich an. Wenn man das aushält und nicht abbricht, dann kann es sein, das man den Weg zu sich selbst findet.

Auch Hannelore sucht Antworten in ihrem Leben. Die 48-Jährige beschäftigt sich vor allem mit den Themen Partnersuche und beruflicher Veränderung. Beides sieht sie mit einer gewissen Skepsis. Optimismus klingt anders. Sie ist kritisch geworden, was einen Partner angeht. Ihre Erfahrungen waren nicht so positiv. Das gestaltet ihre Partnersuche schwierig. In der Arbeit macht sie die Erfahrung, dass die Berufsjahre nicht honoriert werden. Sie hat das Gefühl, dass man ab einem gewissen Alter für den Arbeitsmarkt nicht mehr interessant ist, trotz Berufserfahrung. Sie sieht sich mit großen Schwierigkeiten konfrontiert, weil es genügend andere gibt, die zwar ähnlich qualifiziert, aber billiger und flexibler sind als sie.

Wie soll es beruflich weitergehen? Diese Frage geht der Exportkauffrau nicht mehr aus dem Kopf. Fast 20 Berufsjahre liegen noch vor ihr, falls sie bis 67 arbeiten muss. Das ist keine schöne Vorstellung, weil sie schon heute nicht mehr zufrieden ist, mit dem was sie macht. Das hat alles wenig mit ihr selbst zu tun. Sie möchte weg vom bloßen Geld verdienen, hin zu einer Arbeit, die Sinn stiftet. Sollte dieser Wunsch in Erfüllung gehen, könnte sie sich ein langes aktives Leben vorstellen, dann wäre das Pensionsalter kein Thema mehr.

Hannelore sucht nach ihrer Bestimmung. Sie möchte etwas Sinnvolles tun, etwas, das ihr Zufriedenheit schenkt, etwas zum Wohl anderer Menschen. Sie ist aktiv und begibt sich auf Visionssuche auf den Sinai. Die Reise gleicht einem Abenteuer. Nach ein paar Tagen Vorbereitung auf die Zeit alleine in der Wüste, sucht sie sich ihren Platz im einsamen Gelände. Penthaus nennt sie diesen Ort, der für vier Tage ihr Zuhause sein soll. Er liegt auf einem Plateau, von dem aus sie eine wunderbare Aussicht hat und damit auch einen gewissen Überblick, nicht nur landschaftlich, sondern auch über ihr Leben. Sie erlebt dort intensive Momente. Umgeben von Natur, war sie vollkommen auf sich selbst zurückgeworfen: Keine Ablenkung, kein Alltag, kein Kontakt zur Außenwelt, kein Komfort. Diese intensive Erfahrung mit sich selbst, hat sie in ihrem Tagebuch festgehalten. In Kontakt mit der Natur denkt man anders, fühlt anders und nimmt anders wahr, so ihre Erkenntnis.

Das Erlebnis hat sie tief berührt und zu sich selbst gebracht. Danach hat sie sich zu einer Ausbildung in der sogenannten Tiefenimagination entschlossen. Es ist ein Arbeiten mit inneren Bildern, also mit Erinnerungen, die wir als Bilder abgespeichert haben, ähnlich wie in einem Traum. Hannelore hat das Gefühl, dass sie durch die Visionsreise und die anschließende Ausbildung persönlich weiter gekommen ist. Ihr Leben sieht sie inzwischen gelassener und zuversichtlicher, obwohl sie immer noch in der gleichen Firma beschäftigt ist. Doch ihre Sichtweise hat sich verändert. Vielleicht gibt es in ihrer jetzigen Arbeit doch noch etwas zu lernen für sie. Trotzdem bleibt ihr Wunsch bestehen, dass sie beruflich einen neuen Weg einschlagen möchte. Wie das gehen soll, weiß sie allerdings noch nicht so recht. Da sind immer wieder die Gedanken, die sich ums Geldverdienen drehen. Schließlich muss sie ja auch von etwas leben.

Hannelore sucht weiter nach Lösungen für ihren Lebensweg. Das ist auch der Grund, warum sie das Seminar „Halbzeit“ in der Evangelischen Stadtakademie besucht. Hier wird die eigene Biographie betrachtet: Die Vergangenheit, die Gegenwart und die Zukunft. Seminarleiter Michael Kaminski weiß, wie wichtig es ist, sich diese Zeiten anzuschauen und sich Fragen zu stellen: Wie wurde ich, was ich bin? Was erwarte ich von meiner Zukunft? Wo will ich hin? Wo stehe ich jetzt gerade? Wie kann ich zwischen Vergangenheit und Zukunft mein Jetzt gestalten? Es ist wichtig, seine Ressourcen zu sehen, um dann auszuwerten, welche man weiterhin gebrauchen kann, um sein weiteres Leben zu bestreiten. Wichtig ist es aber auch, zu erkennen, was nicht mehr trägt. Das Loslassen ist oft schwierig.

Aus dem Seminar „Halbzeit" nimmt Hannelore wichtige Impulse und Überlegungen für ihr weiteres Leben mit. Ihr ist bewusst geworden, wie viele Erfahrungen sie schon gesammelt hat. Das erfüllt sie mit Stolz. Dabei stellt sie fest, dass ihre erste Berufswahl richtig war, heute aber einer Ergänzung bedarf. Eine Möglichkeit wäre, die Erfahrungen der Weiterbildung in die jetzige Firma mit einzubringen. Soweit die Theorie. Für die Praxis fehlt ihr der Mut. Sie weiß, dass sie ein großes Sicherheitsbedürfnis hat, das sie oft von neuen Schritten abhält. Es fehlt ihr an Vertrauen ins Leben. Daran muss sie noch arbeiten. Das ist jetzt ihr neues Thema. Sie nimmt es demnächst mit auf Pilgerreise und ist gespannt, was dabei in Bewegung kommt. Hannelore hofft auf neue Impulse für ihr Leben. Schließlich möchte sie auf die Fünfzig ganz bewusst zugehen.

Martin hat durch seine spirituelle Ausrichtung und die meditativen Übungen zu mehr Gelassenheit gefunden. Für ihn sind die entscheidenden Dinge des Lebens nicht beeinflussbar. Er plant nicht mehr wie früher. Dafür haben Achtsamkeit und Offenheit in seinem Leben Einzug gehalten. Viel hat er in den letzten Jahren an sich gearbeitet. Er hat seine Verletzungen angeschaut, konnte sie loslassen und erfahren, dass Hilfe zum richtigen Zeitpunkt kommt. Auch Fragen, die er sich über die zweite Lebenshälfte gestellt hat, haben sich zum großen Teil geklärt. Er fragt sich nicht mehr, was er morgen oder übermorgen macht, er lässt die Dinge auf sich zukommen. Wer weiß schon, was an der nächsten Ecke auf einen wartet? Wenn man das zulässt, kann es für den weiteren Lebensweg entscheidend sein.

Seminarleiter Andreas Heger ist durch die Auszeit nicht nur wachgerüttelt worden. Er hat an Offenheit gewonnen und gelernt, mehrere Wege zuzulassen. Heute ist es für ihn kein Problem mehr, wenn Plan A nicht klappt. Es gibt auch noch Plan B oder C und manchmal kommt da etwas viel besseres heraus, so seine Erfahrung. Überhaupt plant er heute nicht mehr so viel wie früher. Er lässt Dinge auch einfach mal passieren.

Für Willi Butollo war die Lebensmitte eine Wende des Lebens. Er wollte nie der Psychologieprofessor sein, der sich durch nichts mehr berühren lässt und sozusagen über den Dingen steht. Er wollte sich den ganz simplen Erfahrungen des Lebens stellen, wie sie jeder macht. Das erhält und fördert die Lebendigkeit. Und genau das wollte er sein: Seelisch lebendig und einfach Mensch bleiben.

Die Lebensmitte ist eine Zeit der Veränderung und des Wandels. Sie stellt eine Herausforderung dar, ist aber zugleich eine Chance, das Leben neu zu gestalten und Dingen Raum zu geben, die bisher wenig Platz hatten. Es ist eine Zeit, in der oft Prioritäten anders gesetzt werden. Dadurch erfährt das Leben eine Wende. Man ist näher bei sich und spürt den Sinn des Lebens.

Das halbvolle Glas

"Drei Dinge helfen,
die Mühseligkeiten
des Lebens zu ertragen:
die Hoffnung
der Schlaf
und das Lachen."

Immanuel Kant

Das Schicksal bringt Menschen ganz unterschiedlich an ihre persönlichen Grenzen. Daran können sie scheitern oder wachsen. Studien zeigen: Menschen sind ihrem Schicksal nicht einfach ausgeliefert. Viele entwickeln sich positiv, trotz oder gerade wegen widriger Umstände. Was ist das Geheimnis dieser Menschen, die sogar aus großen Krisen gestärkt hervorgehen?

Markos Maragkos, Professor für klinische Psychologie an der Ludwig-Maximilians-Universität München weiß, was Menschen auszeichnet, die eine innere Stärke entwickeln, wenn sie mit schweren Lebensereignissen konfrontiert werden. Sie fokussieren nicht den Verlust, sondern schauen auf ihre Möglichkeiten. Sie sehen das halbvolle Glas und nicht das halbleere. Sie stellen sich den Herausforderungen und überlegen, was sie tun können. Sie suchen aktiv nach einer Lösung und sehen sich der Situation nicht ausgeliefert. Psychologen sprechen von der sogenannten Resilienz. Der Begriff stammt vom lateinischen Wort resilire für abprallen. Diese Fähigkeit hat zwar genetische Aspekte, aber ein Teil der Resilienz ist erworben. Da spielen frühere Erfahrungen mit Stress eine große Rolle. Wie konnte die Person damit umgehen? Es ist nämlich keineswegs so, dass resiliente Menschen nichts Negatives erleben oder nicht an der Situation leiden. Doch sie gehen anders mit den Gegebenheiten um, weiß der Psychologe. Diese Menschen erleben traumatische Ereignisse und wachsen daran. Sie bekommen eine reifere, gesetztere und differenziertere Haltung zum Leben. Sie sind nicht so abhängig von den alltäglichen Widrigkeiten, mit denen jeder von uns konfrontiert ist, sondern behalten ihre innere Stabilität. Sie reifen an der Situation, leiden aber auch daran. Untersuchungen zeigen, dass diese Menschen nicht nur psychische Belastungen entwickeln aufgrund dramatischer Ereignisse, sondern gleichzeitig eine persönliche Reifung durchmachen. Es ist kein entweder oder.

> *„Die schwere Erkrankung, von der man auch von Anfang an wusste, dass sie unheilbar ist, und diese Konfrontation mit seinem Sterben früher oder später, das war das Schlimmste, das gemeinsam durchzustehen."*
>
> *Brigitte*

Brigitte war sehr erschüttert, als sie die Diagnose ihres Mannes erfuhr: Amytrophe Lateralsklerose[4], eine unheil-

[4] ALS, degenerative Erkrankung des motorischen Nervensystems

bare neurodegenerative Erkrankung an der auch der Astrophysiker Stephan Hawking leidet. Nach und nach sterben die Nervenzellen ab, die die Muskulatur steuern, so dass am Ende der ganze Körper gelähmt ist und ein Sprechen unmöglich wird. Dass ihr Mann immer hilfsbedürftiger wurde, war für Brigitte schwer zu ertragen. Ihre Arbeit hat sie aber deswegen nicht aufgegeben. Sie hatte Glück, dass der Arbeitsplatz nicht weit von Zuhause weg war. Wenn ihr Mann wieder eine Panikattacke hatte, weil er nicht gut alleine sein konnte, war sie schnell bei ihm. Sie beruhigte ihn und konnte danach wieder ins Büro.

Der gesundheitliche Zustand ihres Mannes hat Brigitte zunächst ziemlich verzweifeln lassen. Gleichzeitig hatte sie das Gefühl, dass sie die Starke sein muss, schließlich war sie der gesunde Mensch. Trotzdem war es schwer, mit ansehen zu müssen, wie ein stattlicher Mann immer weniger wurde und wie er körperlich und psychisch litt. Doch sie stand es durch. Der Gedanke, dass sie für ihn stark sein muss, half ihr dabei. Daraus zog sie ihre Kraft, auch wenn sie die Pflege schon lange nicht mehr alleine schaffte. Jeden Tag kam der Pflegedienst, brauchte ihr Mann doch Pflege rund um die Uhr. Trotzdem lehnte er den Pflegedienst ab. Dieser Konflikt war für Brigitte nicht leicht auszuhalten. Sie war physisch und psychisch am Limit. Einmal kam sie an ihre Grenze. Es war ein Tag, an dem sie völlig erledigt war. Da hatte sie das Bedürfnis, ihren Mann zu schlagen. Sie hat es nicht gemacht, sondern sich auf dem Absatz umgedreht, ist rausgegangen und hat losgeheult. Dadurch ist viel Spannung von ihr abgefallen. Sie ist nie übergriffig geworden. Und es kamen die Momente, wo sie dachte, wie lange dauert diese Situation noch an? Ihr war klar, dass sie es nicht mehr lange aushält. Zum Glück vermittelte der Pflegedienst dann eine Hospizhelferin. Mit ihr haben Brigitte und ihr Mann ausführlich gesprochen. Danach ging es besser und die Situation entspannte sich.

Vier Jahre lang hat die heute 62-Jährige ihren Mann gepflegt. Sie hat es geschafft und ist nicht daran zerbrochen. Das hat sie ihrem unverbesserlichen Optimismus zu verdanken, sagt sie. Die Situation mit ihrem Mann sah sie als ihr Schicksal an, das sie annehmen musste. Da musste sie durch. Sie dachte, dass auch wieder bessere Zeiten kommen, auch wenn sie ohne ihren Mann sein werden. Immerhin hatten sie 25 gemeinsame Jahre. Wo steht geschrieben, dass man bis zum Lebensende glücklich sein wird? Nirgends, meint Brigitte.

Resiliente Menschen zeichnen sich durch drei Grundhaltungen aus, schreibt Monika Gruhl in dem Buch „die Strategie der Stehauf-Menschen“: Optimismus, Akzeptanz der Situation und Lösungsorientierung. So eine Grundhaltung zu entwickeln ist gar nicht so leicht, vor allem wenn es gilt eine schwierige Situation zu bewältigen. Dazu muss man sich erst einmal in den Widrigkeiten kennenlernen, meint Professor Maragkos. Doch häufig sind die Menschen sehr schnell dabei etwas besser oder anders zu tun. Dabei haben sie noch nicht richtig verstanden, was sie da eigentlich tun, denn erst einmal ist eine Diagnostik angesagt, d.h. was tue ich normalerweise, wenn Widrigkeiten auftreten? Da sind diese automatischen Gedanken: Ach das führt doch zu nichts. Ich bin nichts oder ich schaffe es wieder nicht. Und diese Gedanken führen zu Gefühlen wie Enttäuschung und Frustration. Erst wenn man weiß, was mit einem selber passiert, ist es sinnvoll, beispielsweise zu hinterfragen: Woher habe ich gelernt so zu reagieren? Waren es Modelle? Waren es die Eltern? Haben die mir etwa beigebracht, dass nur ein Tag ohne Schwierigkeiten ein guter Tag ist. Oder ist es so, dass ich gegen diese Modelle handele? Waren die Eltern zum Beispiel besonders gründlich, besonders genau, vielleicht sogar zwanghaft, und jetzt reagiere ich mit Rebellion. Das ist bei jedem unterschiedlich. Erst wenn man diesen Mechanismus verstanden hat, dann kann man in kleinen Schritten versuchen, die Dinge anders zu machen.

Wie schwer das ist, zeigt das Beispiel von Matthias:

> *„Ich fühlte mich sicher, nach 25 Jahren, sozusagen unkündbar. Ich wurde dann zu meinem Chef gerufen und innerhalb von 10 Minuten war alles vorbei. Dann durfte ich die Firma verlassen. Wirklich von jetzt auf gleich, ohne Vorwarnung ohne Abmahnung, nichts."*
>
> *Matthias*

Nach 25 Jahren als Angestellter eines Dax-Unternehmens verlor Matthias seinen Arbeitsplatz. Seine Enttäuschung war groß. Trost spendete ihm da auch nicht die hohe Abfindung. Wut und Aggression begleiteten ihn, zumal nicht nur die Arbeit zusammenbrach. Er hatte damals eine langjährige Beziehung, die wenige Wochen nach der Kündigung auch zerbrochen ist. Und zu allem Überfluss haben sich zu diesem Zeitpunkt noch seine besten Freunde getrennt. Als alleinlebender, nicht verheirateter Mann ohne Kinder waren die Freunde eine Art Familienersatz. Jetzt stand er da mit der emotionalen Leere, die nicht zu füllen war ohne Job und ohne Sozialisation. Im Beruf hat er sehr viele Leute gekannt, aus denen auch private Kontakte entstanden sind. Das war mit einem Schlag von einem Tag auf den anderen einfach weg.

Es zog ihm sprichwörtlich den Boden unter den Füßen weg. Plötzlich hatte er den ganzen Tag Zeit und sprichwörtlich nichts mehr zu tun. Die Zeit zog sich einfach endlos dahin. Es war in dieser Situation unmöglich, einen Sinn und seine Identität zu finden. Auch sein Hobby, das Orgelspielen, half Matthias dabei kaum weiter. Er fiel in ein tiefes Loch. Vom Arzt bekam er Medikamente verschrieben. Matthias hatte das Gefühl, dass er sie braucht, um wieder zu einer gewissen inneren Ruhe zu kommen und über sein Problem nachzudenken. Gleichzeitig führte er viele Gespräche mit Freunden, die ihm noch geblieben waren. Aber diese Frage, warum ihm das passieren musste, hat ihn umgetrieben. Es ging darum, dass ihn einer in der Arbeit loswerden wollte, erzählt er. Damit fertig zu werden, ist nicht leicht. Diesen Prozess wollte er gerne beschleunigen, aber er hat erfahren, dass das nicht möglich ist. Letztendlich helfe die Zeit, mit der Situation besser klar zu kommen, so seine Erfahrung. Er haderte mit Gott und seinem Schicksal. Immer wieder kamen die gleichen Fragen: Wieso musste alles gleichzeitig passieren? Wieso ausgerechnet jetzt? Warum mir? Fragen, die ihn bis heute beschäftigen, Fragen auf die es keine Antwort gibt. Er muss die Situation akzeptieren, auch wenn es weh tut. Bis heute, zwei Jahre nach den Ereignissen, hat er immer noch keinen neuen Lebensrhythmus gefunden. Wie soll das neue Leben aussehen? Es ist immer noch keine Selbstverständlichkeit im Sein eingetreten, stellt er fest. 25 Jahre hat er immer dasselbe gemacht, da haben sich Dinge ritualisiert. Man ist aufgestanden, hat einen Anzug angezogen, eine Krawatte und ist dann in die Arbeit gegangen und hat etwas getan. Das prägt einen so stark, dass es relativ schwierig ist, sich an etwas Anderes zu gewöhnen. Seine Bilanz: Mal eben etwas Anderes machen, so einfach ist das nicht. Man ist gewissermaßen gefangen in den Erfahrungen und dem Wissen. Da kommt man nach so vielen Jahren mit 54 nicht einfach raus.

Matthias fühlt sich hilflos in seiner Situation. Sie scheint unabänderlich. Doch er weiß, nur wenn er weitermacht, tut sich auch etwas. Da hilft nur eins: Disziplin. Jeden Tag aufstehen und weitermachen, sagt er. Diese Grundhaltung ist wichtig, darum ist er auch morgens immer früh aufgestanden und nicht bis 11 Uhr im Bett liegen geblieben, weil er keinen Sinn mehr im Leben gesehen hat. Die Tagesstruktur beizubehalten hat ihm Halt gegeben.

Resiliente Menschen gehen mit ihren Emotionen differenziert um. Sie bewerten die Situation nicht einseitig und geben sich eine zweite Chance, versuchen es noch einmal. Sie bleiben nicht an dem hängen, was passiert ist, sondern konzentrieren sich auf das, was sie tun können.

„Mein Sohn ist vor vier Jahren an Leukämie erkrankt, aber er hat es sehr gut überstanden. Dann hat er ein Rezidiv bekommen, das heißt die Leukämie ist zurückgekommen nach einem Jahr."

Michael

Michael hat einen langen Leidensweg hinter sich. Vor vier Jahren erkrankte sein 20jähriger Sohn an Leukämie. Nach zuerst erfolgreicher Therapie kam die Erkrankung nach einem Jahr zurück. Es folgte eine Stammzellspende, doch nach einer Abstoßungsreaktion starb der Sohn. Michael war unmittelbar dabei. Sein Sohn ist am Samstag gestorben. Am Tag zuvor hat Michael noch zu ihm gesagt: „Wenn du nicht mehr leben willst oder nicht mehr kannst, dann kannst du gerne einen anderen Weg einschlagen, dann kannst du gehen, weil es wahrscheinlich nicht mehr wird."

Ein schwerer Moment, den man gar nicht richtig realisiert, erzählt Michael. Neben der Trauer empfand er auch ein Stück Erleichterung, weil das Leiden des Sohnes vorbei war. Doch nach der Beerdigung fiel Michael in ein tiefes Loch. Für ihn war das eine ganz schlimme Zeit, in der er nur funktionierte: Er ging in die Arbeit, Routine bestimmt sein Leben, alles geht mechanisch und läuft wie selbstverständlich ab, nur mit Leben hat das nicht mehr viel zu tun. Es fehlen die Gefühle. Nach einem halben Jahr war er am Ende seiner seelischen Kräfte. Er stand am U¬Bahnsteig am Münchner Marienplatz und dachte sich, dass es eigentlich nur noch ein kleiner Schritt wäre, seinem Sohn in den Tod zu folgen. Letztendlich ließ er den Gedanken fallen. Doch Michael ging es furchtbar schlecht. Er hatte niemanden zum Reden. Von seiner Frau hatte er sich im Trauerprozess getrennt. Auch von Freunden trennte er sich, da sie mit seiner Trauer nicht fertig wurden. Dann erfuhr er von einer Bekannten, dass es den Verein Verwaiste Eltern gibt. Zweimal im Monat geht er in die offene Gruppe. Dort findet er Betroffene, mit denen er seine Gedanken austauschen kann. Die Atmosphäre ist vertrauensvoll und angenehm. Es werden Kerzen angezündet. Dabei wird an die verstorbenen Kinder gedacht. Es werden Bilder aufgestellt und man erzählt am Anfang, woran das Kind gestorben ist. Das ähnliche Schicksal verbindet. Man fühlt sich verstanden und nicht mehr so allein mit der Situation. Man kann weinen und lachen. Und man lernt von anderen, dass das Leben weiter geht. Aber Michael konnte sich das zu diesem Zeitpunkt noch nicht vorstellen.

Zweieinhalb Jahre geht er in die offene Gruppe und trauert um seinen Sohn. Er hadert mit Gott. Michael kann einfach nicht verstehen, warum sein Sohn so früh sterben musste.

Doch nach und nach findet er zum Leben zurück. Michael hat andere Menschen kennengelernt und seinen Freundeskreis komplett neu aufgebaut. Heute kann er wieder die Natur genießen, sich erfreuen an den Jahreszeiten, an den Blumen und Bäumen.

Michael hat inzwischen einen ganz anderen Blick auf das Leben. Er sieht bestimmte Dinge anders. Werte haben sich verschoben. Materielles, wie ein Auto, eine neue Wohnung, ist völlig in den Hintergrund getreten. Für ihn zählt das Leben. Er will jetzt leben und glücklich sein, schließlich hat er durch den Tod seines Sohnes erfahren, wie schnell das Leben vorbei sein kann.

Mit seiner neuen Lebenseinstellung hat sich auch sein Leben verändert. Er unternimmt nicht nur mehr, er hat sich auch frisch verliebt, in eine Frau, die ihm in der schwierigen Zeit sehr geholfen hat. Dass er wieder so ein Gefühl der Liebe spürt, hätte er vor vier Jahren nicht gedacht. Frieden ist wieder in sein Leben eingekehrt. Heute ist er froh, dass er sich dem Trauerprozess gestellt hat. Er fragt nicht mehr nach Gründen wieso, weshalb und warum alles so passiert ist.

Heute empfindet sich Michael als glücklicher Mensch. Er lebt im Hier und Jetzt. Er ist nicht, wie so mancher, in der Trauer stecken geblieben. Er ist gestärkt aus der Situation herausgegangen. Durch den Tod seines Sohnes sieht er das

Leben jetzt anders. Er fühlt sich stärker gegenüber vielen anderen, weil er sich sagt, dass er das schon erlebt hat. Andere, mit denen er drüber redet, können sich das nicht vorstellen. Michael hat auch heute noch eine intensive gedankliche Bindung zu seinem Sohn. Er trägt seine Armbanduhr am Handgelenk und besucht ihn oft am Grab. Dort schaut er auf das kleine Bild seines Sohnes, spricht mit ihm und erzählt, was er so erlebt und wie es ihm geht. Im Herzen ist sein Sohn immer bei ihm.

Schwierigkeiten und Leiden gehören genauso zum Leben wie Freude und Erfolg. Es ist besser, zu lernen, wie man damit umgeht, als sie um jeden Preis zu vermeiden. Menschen, denen das gelingt, haben verstanden, dass man Resilienz lernen kann. Sie lassen sich von Unglück und Leid nicht niederdrücken. Eine resiliente Geisteshaltung zu entwickeln gelingt aber wohl den wenigsten, erklärt Professor Markos Maragkos von der Ludwig-Maximilians-Universität in München. Das sei ein sehr anspruchsvoller Weg, sozusagen eine Lebensaufgabe, denn das würde bedeuten, dass man das Leben als ständige Reibung erlebt, an der man wachsen kann und nicht als Situation, die man bewältigen muss. Das sei schon fast eine buddhistische Haltung gegenüber den alltäglichen Widrigkeiten. Davon ist der Alltagsmensch in der Regel weit entfernt. Solche Haltung kommt meist erst auf, wenn man keine Probleme hat, wenn zum Beispiel ein freies Wochenende vor einem liegt, man sich etwas Gutes zu essen macht und vielleicht noch ein netter Film im Fernsehen läuft, ist die Welt in Ordnung und man selbst entspannt. Doch sobald der Nachbar am Sonntagnachmittag anfängt, sein Auto zu putzen und es etwas laut wird, dann ist es mit der buddhistischen Haltung vorbei.

Niemand besitzt Resilienz für immer. Sie kann auch wieder verloren gehen. Deswegen sind wir gefordert, mit jeder neuen Lebenslage, die dafür nötigen Kräfte und Fähigkeiten zu mobilisieren. Gleichzeitig bietet dieser Prozess immer wieder die Möglichkeit für persönliches Wachstum. Brigitte, die vier Jahre lang ihren kranken Mann gepflegt hat, kann im Rückblick sagen, dass sie noch einmal eine andere Sicht auf die Dinge des Lebens bekommen hat. Früher ging es viel um Materielles, und gar nicht so sehr um Geistiges. Nach der Krankheit und dem Tod ihres Mannes ist das Materielle in den Hintergrund getreten. Natürlich, man muss leben und man will gut leben. Aber dieses Streben danach ist immer weniger geworden. Das betrachtet Brigitte heute als ihr persönliches Wachstum.

Auch Matthias, der nach 25 Jahren von der Firma abgefunden wurde, ist durch diesen Einschnitt persönlich gewachsen. Gelernt hat er, dass das Leben keine Sicherheiten bietet, wie es einem oft vorgegaukelt wird. Er macht sich nicht mehr so viel vor wie früher, vor seiner persönlichen Krise. Jetzt lebt er nicht nur gesünder und stressfreier. Er ist vor allem gestärkt aus der Situation hervorgegangen und verdeutlich das in einem Vergleich: Es ist wie ein Baum, der viele Jahre im Wind steht und dadurch stärker wird. Zwar sieht der nicht besser aus, wird aber stabiler. Und genauso fühlt sich Matthias heute. Jetzt schmeißt ihn so schnell nichts mehr um, meint er.

Ein erfülltes Leben

„Monde und Jahre vergehen,
aber ein schöner Moment
leuchtet das Leben hindurch."

Franz Grillparzer

Spätestens mit 50 wird einem klar, dass man nicht mehr zu den Jungen gehört. Vieles hat man schon erlebt. Man hat so seine Erfahrungen gemacht und kann gelassen auf Vergangenes zurückblicken. Doch man spürt auch, dass man älter geworden ist. Vielleicht ist man nicht mehr so dynamisch und energiegeladen wie früher. Der Körper verändert sich langsam. Wie geht das nun weiter? Ein Blick nach vorne: Keiner will gerne alt werden. Vielen Menschen macht das mehr Angst als Freude, verbinden sie doch Krankheit und Einsamkeit damit. Doch welche Erfahrungen machen Menschen tatsächlich mit dem Altwerden? Was sagen die heute 60- bis 90-Jährigen? Wie empfinden sie das Älterwerden? Träumen sie noch von Zweisamkeit? Was gibt dem Alter Sinn?

„Ich glaube, man muss dem Leben in dem Alter selber Sinn geben. Man darf nicht sagen jetzt bin ich schon so alt, jetzt weiß ich schon alles."

Elisabeth

Früher hat sie nicht viel an sich gedacht. Da hat sie funktioniert, viel gearbeitet, die Familie zusammengehalten und versucht, allen zu helfen. Das hat sich heute geändert. Elisabeth denkt jetzt mehr an ihre Bedürfnisse. Die 64-Jährige hat sich vor drei Jahren nicht nur von ihrem Mann getrennt, sondern auch angefangen, weniger zu arbeiten. Heute macht sie noch Urlaubs- und Krankheitsvertretung, ist ansonsten aber frei. Diese gewonnene Freiheit genießt sie sehr, verändert sich doch vieles im Alter, nicht nur der Körper. Elisabeth stellt fest, dass sie nicht mehr so schnell ist wie früher beim Arbeiten. Damals arbeitete sie den ganzen Tag, dann gab es den Haushalt und abends wurde vor dem Fernseher noch gebügelt. So etwas schafft sie heute nicht mehr. Dafür fehlt ihr einfach die Energie. Sie merkt, dass sie die Dinge nicht mehr in der Geschwindigkeit wie früher erledigen kann. Sie muss sich viel mehr notieren, damit sie es nicht vergisst. Sie braucht einfach mehr Zeit für sich. Heute liebt sie es, länger zu schlafen und sich keinen Wecker stellen zu müssen. Sie kann sich jetzt die Zeit selbst einteilen.

Zeit ist für sie jetzt ein Geschenk. Es gibt keinen Tag, an dem es ihr langweilig ist: In die Berge gehen, die Natur genießen, auf der Couch liegen und Musik hören, ein Buch lesen, Freunde treffen. Die Liste ist lang. Elisabeth gestaltet ihr Leben ganz bewusst. Und weil sie eben älter wird und merkt, dass ihre Lebenszeit nicht ewig währt, macht sie sich Gedanken, was ihr im Leben besonders wichtig ist: Eine Reise, ein Konzert, neue Bekannte und Freunde treffen, vielleicht noch ein Engagement. Dem Leben muss man selber einen Sinn geben, sagt sie. Man darf nicht sagen, jetzt bin ich schon so alt, jetzt bin ich weise. Man lernt jeden Tag, man lernt stündlich dazu, wenn man offen dafür ist. Sie findet es schön, noch etwas Neues zu lernen. Das muss gar nichts Außergewöhnliches sein. Man kann zum Beispiel von Kindern lernen, auch von den eigenen Kindern, wenn man sieht, wie die ihr Leben gestalten. Man muss neugierig bleiben, sich etwas suchen, was einem gefällt, was einem erfüllt. Und natürlich sind Gespräche mit Menschen ganz wichtig. Dieser Gedankenaustausch ist für Elisabeth lebendig, bereichernd und interessant.

Manchmal denkt die 64-Jährige aber auch an den Tod. Doch der Gedanke macht ihr keine Angst. Wenn sie an den Tod denkt, erinnert sie sich an ihre Mutter und die Situation, wie das damals war, als diese zurück ins Leben geholt wurde. Da hat Elisabeth ihre Mutter gefragt, wie das war, ins Jenseits zu gehen. Sie erzählte ihr, dass alles so hell war. Diese Worte trösteten Elisabeth, auch wenn sie letztlich nicht weiß, wie es bei ihr einmal sein wird. Sie wünscht sich, dass sie leicht gehen kann, und sich sagen kann, dass sie ein schönes und erfülltes Leben gehabt hat.

Dann schiebt sie den Gedanken wieder weiter. Gilt es doch die Tage mit Leben zu füllen und wahrzunehmen, was heute ist. Elisabeth geht gerne auf Menschen zu. Sie ist da ganz offen. Freundschaften findet sie sehr wichtig. Dabei denkt sie auch an Männerfreundschaften, eine Bergkameradschaft wäre nicht schlecht. Aber eigentlich würde sie gern noch einmal einen Partner kennenlernen. Ob das gelingt, weiß sie nicht. Sind doch die Ansprüche gestiegen: Gespräche miteinander führen, Erlebnisse miteinander teilen und vielleicht mehr, wenn das Vertrauen da ist.

Wilhelm Vossenkuhl ist Philosoph und emeritierter Professor. Trotzdem ist er mit seinen 67 Jahren noch beruflich aktiv. Er schreibt Bücher und unterrichtet immer wieder. Das ist ihm wichtig, neben seiner Familie, die an erster Stelle steht. Die Welt, die direkt um ihn ist, ist ihm wichtiger geworden als die Welt weiter draußen. Woran das liegt, da hat Wilhelm Vossenkuhl nur eine Vermutung. Wahrscheinlich hat das damit zu tun, dass man diese Bindung, das Vertrauen, die Verlässlichkeit der Partnerin und die Zuneigung der Kinder wohl erst wirklich schätzt, wenn man älter wird. Die Zuverlässigkeit der Bindung sieht er als ganz entscheidend an und meint: „Wenn man wie ich gerne auch alleine ist, dann neigt man oft dazu zu meinen, man könnte auch alleine leben, aber das ist ein Irrtum."

Doch nicht nur Prioritäten verschieben sich beim Älterwerden. Verbunden ist damit auch ein Nachdenken über den Lebenssinn dieser Lebensphase. Wilhelm Vossenkuhl stellt sich nicht nur Fragen über das Kranksein und die schwindenden Kräfte, sondern auch rückblickend Fragen wie: Was habe ich gemacht, was ist davon geblieben, was war sinnvoll. Man denkt viel mehr als in jüngeren Jahren über den Gang des gesellschaftlichen Lebens nach. Was passiert eigentlich in unserer Welt. Wie sehr sind wir da gefangen, in einem Prozess, den wir nicht steuern können. Habe ich in meinem Leben genügend beigetragen, habe ich genügend Interesse am öffentlichen Leben gehabt. Wilhelm Vossenkuhl fragt sich auch, ob er, als Lehrer an der Universität zum Beispiel, genügend getan hat für die Studenten, damit sie bessere Berufschancen haben. Viele Fragen stellen sich, weil man viel mehr Zeit hat und zum Nachdenken kommt. Man kann sich überlegen, was war, was sein wird, was ist. Das ist während des Berufslebens gar nicht möglich, weil man da mehr vom heute ins morgen lebt und gar nicht so viel nachdenken kann.

Heute ist Wilhelm Vossenkuhl weniger bereit sich anzupassen. Er muss nicht mehr irgendwo dabei sein. Dadurch gewinnt er Freiheit. Jetzt kann er sein Leben viel freier gestalten als jemals zuvor. Er ist froh darüber, dass er viele Verpflichtungen nicht mehr hat, die mit zunehmendem Alter schwieriger und anstrengender werden. Das Schöne am Älterwerden ist auch, sagt er, dass man viel erfahrener ist und das man erfährt, mit wem man wirklich befreundet ist. Er kommt zu dem Schluss: Das sind gar nicht viele Menschen. Das können gar nicht viele Menschen sein. Man kann nicht, wie einem Facebook und andere sozialen Netzwerke suggerieren, mit der halben Welt befreundet sein. Das ist unsinnig und auch eine Verzerrung des Freundschaftsgedankens, denn man muss in eine Freundschaft viel investieren. Man muss sich selbst öffnen und sich einbringen. Man muss Interesse am Leben der Freunde haben. Und an so vielen Leben kann man gar nicht teilnehmen. Also wird man notgedrungen feststellen, dass man ganz wenige Freunde hat. Das ist auch nicht schlimm, denn es kommt nicht auf die Menge an, sondern auf die Intensität.

Nicht nur Freundschaften spielen im Alter eine große Rolle. Für den 67-Jährigen wird der Glaube immer wichtiger, je älter er wird. Woran das liegt, kann man nicht generalisieren, aber es hat sicherlich etwas damit zu tun, dass wir nachdenklicher werden, Fragen stellen und mehr darüber wissen, was wir nicht wissen. Das ist ein beunruhigender Gedanke. Vor allem, wenn man dann noch feststellt, dass die Gewissheiten, von denen man glaubte ausgehen zu können, gar nicht existieren. Dadurch wird man ein bisschen vorsichtiger, was vorschnelles Urteilen über religiöse Überzeugungen angeht. Da ist man etwas zurückhaltender und wird nachdenklicher. Er glaubt, dass es vielen Menschen so geht.

Gedanken an den Tod sind für den Philosophen nichts Neues. Fragen wie: Gibt es etwas danach? Was bedeutet der Tod? Wie sollte er eigentlich aussehen? begleiteten ihn schon an der Universität. Trotzdem hat sich etwas verändert: Heute denkt er über den eigenen Tod nach oder an Freunde, die gestorben sind oder im Sterben liegen. Eine schmerzliche Erfahrung. Doch in der Philosophie sollte der Gedanke an den Tod nichts Erschreckendes haben, denn Wittgenstein sagte einmal: Der Tod ist kein Ereignis im Leben.

> *„Ich finde eigentlich das Leben heute erfüllender. Die Gewissheit, dass eine große Liebe gelebt werden kann."*
>
> *Ingrid*

> *„Das Leben ist so interessant und wenn man neugierig ist, und das ist wichtig, die Jugend würde man heute beispielsweise anders gestalten. Viel interessanter ist es deshalb, das zu leben, was auf einen zukommt."*
>
> *Erich*

Ingrid liebt ihn, den Choral von Bach „Wer nur den lieben Gott lässt walten". Mit 44 Jahren hat sie mit dem Orgelspielen begonnen. Seitdem übt sie nicht nur regelmäßig auf der Heimorgel, sondern spielt auch immer wieder in der Kirche. Es ist der heute 81-Jährigen zu einem Hobby geworden, das sie jetzt im Alter erfüllt. Selbst nachts, wenn sie mal nicht schlafen kann, greift sie zu den Tasten. Zu ihren Hobbies gehören aber auch das Standardtanzen und das Spazierengehen. Dass sie dabei mit ihren Kräften ein bisschen haushalten muss, nimmt sie gelassen. Sie ist viel toleranter geworden mit sich und mit anderen. Sie ist nicht mehr ganz so emotional und regt sich nicht mehr allzu sehr über die Menschen auf, weil ihr die Erfahrung sagt, dass es zu nichts führt. Denn die Dinge können immer von verschiedenen Seiten betrachtet werden.

Auch ihre Partnerschaft hat sich im Alter verändert, weil die Arbeit wegfällt. Plötzlich ist man viel mehr zu Hause. Man hat viel mehr Zeit füreinander. Ihr Mann liest viel in Zeitungen und Zeitschriften und erzählt ihr dann davon. Ingrid selbst interessiert sich für Literatur und Theologie und erzählt ihrem Mann davon. Dieser Gedankenaustausch war früher gar nicht möglich, erzählt sie. Da standen die Familie und der Beruf im Vordergrund.

Ingrid hat heute mehr Zeit für Freundschaften. Die sind ihr ganz wichtig und dazu zählen nicht nur die alten Freundinnen aus der Jugend, mit denen man auch über große Distanzen hinweg eng vertraut ist, sondern auch neue Freunde in der Nähe. Mit denen kann sie die Gegenwart teilen und über aktuelle Dinge sprechen. Sie erfährt nicht nur jedes Mal, wie es ihnen geht, sondern lernt immer wieder etwas im Leben dadurch kennen. Das findet sie sehr bereichernd. Wichtig ist ihr auch der Glaube. Er spielt die allerwichtigste Rolle in ihrem Leben. Sie sagt: „Gott ist meine Burg." Wenn sie Kummer hat, hilft ihr das Gebet. Der Gedanke der Nächstenliebe faszinierte sie schon als Jugendliche. Der Glaube ist Ingrid eine große Stütze und Hilfe im Leben.

Ganz andere Schwerpunkte setzt da ihr 86-jähriger Mann Erich. Ihn interessiert, wie es in der Technik weitergeht. Er liebt die Wissenschaft, in der immer wieder etwas Neues passiert. Neues und Aktuelles ist ihm wichtig geworden. Er möchte auf dem Laufenden sein und am heutigen Leben aktiv teilnehmen. Nur auf eins muss er dabei aufpassen: Seinen Körper darf er nicht überfordern. Körperlich ist er schwächer geworden, erzählt er, kann aber noch alles machen, sogar Tanzen mit seiner Frau. Die Waldspaziergänge sind kürzer geworden, aber deswegen nicht weniger interessant. Jünger möchte er nicht sein. Für ihn ist es viel interessanter, was auf ihn zukommt. Auch das Älterwerden gibt ihm Sinn. Er blickt zurück: Aus den Kindern ist etwas geworden. Sie stehen alle gut im Leben. Er freut sich, dass er das alles noch miterleben darf. Die Welt sei so bunt und interessant, da möchte er dabei sein.

Für Ingrid liegt der Sinn im Alter darin, anderen Liebe zu schenken, nicht nur der Ehe und der Familie. Sie weiß, dass viele Menschen, auch Freunde oft einsam und krank sind. Sie freuen sich, wenn man sie anruft und mit ihnen spricht. Das ist auch interessant, denn jeder ist anders, erzählt Ingrid. Die eine ist intellektuell, mit der kann man über Politik und Philosophie sprechen, die andere ist ganz einfach, die kann man mit lustigen Geschichten aufmuntern. Da gibt es immer etwas zu tun. Jeden Tag empfindet Ingrid als Geschenk. Sie ist dankbar, dass sie noch mit ihrem Mann zusammen sein kann. Sie weiß, dass es nicht selbstverständlich ist, denn das Leben verändert sich ständig. Sogar die Liebe wandelt sich ein ganzes Leben lang. Ingrids Erfahrung ist, dass die Liebe immer tiefer wird. Das hätte sie nie gedacht. Ihr Mann Erich freut sich daran, wenn er so weiter machen kann wie bisher, dass er an Vorträgen teilnehmen kann und dass er mit seiner Frau gemeinsam tanzen kann. Am wichtigsten ist ihm aber, dass die Partnerschaft erhalten bleibt, denn später mal allein zu sein, das stellt er sich nicht schön vor. Er schiebt den Gedanken schnell beiseite und sagt: „Solange wir so lebendig sind, denke ich nicht daran."

„Es kommt nicht darauf an, ob man 60 ist oder 90, sondern wie man gelebt hat und ob das gut war."

Barbara

Sie wohnte 50 Jahre in Florenz in einer Villa mit großem Garten. Heute lebt Barbara im betreuten Wohnen im Augustinum in München. Sie ist 90. Altwerden ist nicht nur schön. Sie erfährt, dass Altwerden auch teuer werden kann und schmerzhaft ist. Ihr Körper ist gebrechlich geworden. Inzwischen braucht sie einen Rollator für Spaziergänge. Auch das Hörvermögen hat nachgelassen und sehen kann sie auch nicht mehr so gut. Doch wenn der Geist noch wach ist, sagt sie, kann man damit leben.

Barbara ist eine sehr gebildete Frau. Sie hat in Kunstgeschichte promoviert. Sie liebt Gespräche und den geistigen Austausch mit Menschen. Dabei träumt sie nicht mehr von Zweisamkeit. Sie hat sehr gute Freunde und eine sehr liebe Familie, da bleibt für andere Träume wie einer Partnerschaft kein Platz. Sie setzt auf Freundschaften, in denen ein geistiger Austausch stattfindet und vertrauten Menschen, mit denen man auch über manches reden kann, was man nicht mit jedem bespricht. Sie hat sogar im Alter hier im Haus Freunde gefunden. Leider ist eine Freundin gestorben, die sie sehr geliebt hat. Sie hatten sich viel zu sagen, das war wunderbar und dies fehlt ihr heute sehr.

Die 90-Jährige lebt aus ihrem christlichen Glauben heraus. Darum vertraut sie auch darauf, dass sie durch das Alter geführt wird und keine Angst zu haben braucht, auch nicht vor dem Tod. Für sie hat jedes Alter seinen Sinn. In ihrer jetzigen Lebensphase findet sie es wichtig, für jemanden da zu sein, der sie braucht. Dazu gehört, die Wünsche und Bedürfnisse anderer Menschen ernst zu nehmen. Barbara ist froh, dass es in ihrem Leben einige Menschen gibt, für die sie wichtig ist. Das erfüllt ihr Leben. Auch früher war sie schon für andere Menschen da, damals in Florenz. Doch das liegt lange zurück. Jetzt freut sie sich, dass sie für Menschen, mit denen sie befreundet ist, immer noch wichtig ist und etwas tun kann. Auch ihren Enkelkindern möchte sie etwas aus ihrem Leben weitergeben. Darum erzählt sie von ihren Erinnerungen. Vielleicht ist das für meine Enkelkinder einmal interessant, sagt sie.

Die richtige Gelassenheit hat sie im Alter noch nicht gefunden, auch wenn es schon etwas besser geworden ist. Gelassenheit sei etwas Schönes, sagt sie. Sie weiß, dass man mit Gelassenheit ganz anders leben kann. Das hat sie in den vielen Jahren erfahren. Dann ist das Leben leichter, weil alles besser geht. Barbara ist zufrieden mit ihrem Leben. Sie ist gern das, was sie ist. Schließlich hat sie ein erfülltes Leben gehabt. Man könne gut alt werden, selbst mit Gebrechen, wenn man Freude an Dingen mitbringt. Sie geht gern in Konzerte und genießt vor allem Klavierkonzerte. Doch das ist nicht alles. Es gibt so vieles, was man genießen kann zum Beispiel die Schönheit der Natur. Man muss sie nur wahrnehmen.

Und natürlich sind da die Freundschaften und die Verwandtschaft. Sie sind wunderbar, sofern man sich gut versteht.

Altwerden ist sicherlich eine große Herausforderung an uns, denn für 60 plus gibt es keine vorgegebenen Lebensrhythmen. Darum braucht es all unsere Erfahrungen, um diese Lebensphase wert zu schätzen. Altwerden hat seinen Gewinn, der sich ausdrückt in Zeit und Freiheit, die es ganz persönlich zu gestalten gilt. Trotzdem scheint es eine große Rolle zu spielen, in welcher Altersphase man sich befindet, ob man erst 60 oder 70 ist oder bereits 80 oder gar 90, weil einfach die körperlichen, aber auch die geistigen Kräfte nachlassen. Altwerden fühlt sich für jeden anders an. Und so komme es darauf an, wie man gelebt hat und ob das gut war, sagt Barbara. Dem Alter im Leben selbst einen Sinn geben, das findet Elisabeth wichtig. Ingrid empfindet das Leben heute sogar erfüllender als früher, denn heute lebt sie ihre große Liebe. Philosoph Wilhelm Vossenkuhl hat der Spruch seines Doktorvaters überzeugt, der vor einigen Jahrzehnten meinte: Jedes Alter von der Kindheit bis zum Greisenalter hat seinen eigenen Sinn.

Zitierte Sprüche und Gedanken

Antje Sabine Naegeli: *Ich spanne die Flügel des Vertrauens aus.*
Eschenbach 2005

Hans Kruppa: *Vom Loslassen und Neubeginn*
München 2003

Einfach nur so!
München 2013

Christiane Schlüter, *Der Jakobsweg für zu Hause*
München 2012

Alle Fußnoten aus Wikipedia

Dank

Besonders danken möchte ich allen meinen Interviewpartnern, die mir große Einblicke in ihr Leben und ihre persönlichen Wege gewährt haben. Ohne sie wäre das Buch nicht entstanden.

Ein großer Dank geht an meinen Lebenspartner Markus Schretter, der mich unermüdlich unterstützt hat. Seine konstruktive Kritik, seine Hinweise und Tipps brachten das Buch voran.

Zum Schluss möchte ich noch meiner Lektorin Regina Hutschenreiter danken für die vielen Anregungen und Gespräche.

Über die Autorin

Rita Homfeldt, geb. 1959, studierte Betriebswirtschaft mit den Schwerpunkten Marketing und Kommunikation. Ihre Neugier und das Interesse an Menschen brachten sie zum Journalismus. Seitdem arbeitet sie als freie Hörfunkjournalistin mit den Schwerpunkten Gesundheit, Lebenshilfe und Psychologie. Ausgezeichnet wurde sie für ihre journalistischen Arbeiten mit dem Karl-Buchrucker-Preis und dem Expopharm Medienpreis. Zahlreiche Fortbildungen bereichern ihr Wissen als Journalistin und als Coach. Sie lebt mit ihrer fast erwachsenen Tochter in München.

www.homfeldt.org